本田宗一郎

「逆境」を生き抜く力

梶原一明

まえがき

私は本田宗一郎の次の言葉が好きである。

「……ある時、私はスケッチブックを手に松の木を描いてみようと思った。ところが、あいにく目の届く範囲内には、松の木は一本もない。しかし、松の木なら子供の頃、よく木登りをしていたので、充分に知っている、とごく気軽に筆をとった。そこでハタと困ってしまった。どう描いたら松の木に見えるのか。まるでイメージがはっきりしない。

……また、ある時、桜の花を描こうとしたが、結局は駄目だった。花びらが何枚なのか分らない。どのように木についているのか、それさえ分らない。モヤモヤと大体のりんかくだけが記憶にあるだけで、肝心な部分はさっぱり思い出せないのだ……」

これだけなら写実的な日本画を好んで描いた本田宗一郎の〝画談〟にすぎないが、この話を本田宗一郎は次のように結論づけているのがユニークである。また、卓抜した物の考え方の持主だったことも証拠立てている。

「……人間というものは、バカバカしいほど簡単なものでも分らないことが多い。桜の花を記憶だけで正確に描けるヤツは滅多にいない。牛の角は耳の前に生えているのか、耳の後ろなのか。そんなことも分らないのが普通の人間だ。ところが、その気になって見りゃなんでもないことなんだ。これは技術の世界だって経営だって同じことがあるんだな」

「人は目的を持ってものを見るのと、目的を持たないでものを見るのでは、百八十度違ってくる。専門家というのは目的をもって、ものを見ている人のことをいう」

本田宗一郎はまさに座談の名手だった。私は本田宗一郎と三十余年の交際のなかで数え切れないぐらいインタビューしたりしたが、一度たりとも時間をもて余すようなことはなかった。

本田宗一郎の思考はときに純粋すぎて、われわれのような経営評論をしている者には、その範疇を飛び越えられて面食らうことが多かった。

発想が固定観念や先入観に邪魔されず、いつも少年のように伸び伸びとしたものだったからである。

これこそ本田宗一郎が自由奔放に、堂々たる人生を送れた秘密だったのではあるまいか。

〝人は楽しむために生まれてきた〟というのが本田宗一郎の人生訓だった。

その人生を楽しむ方法というものは、それほど難しいものではないという。いわゆる悪徳は論外として、自分のためになることは遠慮なくやれ、というのだ。

「好きな道をくよくよせずに突っ走れ」がホンダイズムの神髄なのである。

現在、ニッポンに求められるのは力強く、そして明るい将来への展望であろう。その意味で本田宗一郎の明るく力強い考え方は、恰好の活性剤になるのではないか。

梶原一明

❷ 自由奔放に走りぬく！

④「創造的破壊」に挑戦せよ！

⑥天衣無縫、得手に帆をあげて！

❶ 〝やらまいか〟精神で飛躍せよ！

成功は九十九%の失敗に支えられた一%だ

「わが国には『サルも木から落ちる』という言葉がある。慢心とか油断へのいましめである。人間には絶えずついてまわる心のゆるみだが、このための失敗には、私は寛容の心を持ち合わさない。

なぜかといえば人間に許される失敗というものは、進歩向上をめざすモーションが生んだものだけに限るのだと思うからだ。木登り以外に取り柄のない猿が、木から落ちてはいけないのである。

しかし私は、猿が新しい木登り技術を学ぶために、ある『試み』を

して落ちるなら、これは尊い経験として大いに奨励したい」

●原因の同じ失敗を二度と繰り返すな

本田宗一郎も人の子である。若い頃、何度も慢心と油断でひどい目に合っているのだ。晩年の本田宗一郎は教育論をよくやった。しかし、その教育論も〝お説教調〟のものではなく、むしろ〝得手に帆をあげろ〟式の、好きなものは徹底的にやれ！　といったものだ。それで若者は自信をつけなければいけないというのである。

そして若者は失敗を恐れるな、なぜなら若者はやり直しが可能だから、ともいう。もし成功すれば〝慢心と油断〟は、若者について回る。もし若いのに成功して〝慢心も油断もない男〟なら、理想的だろうが、こんなできすぎた男は滅多にいるものではなかろう。そこに本田式教育論の第二段階がある。

慢心と油断からきた失敗は、本田は厳しすぎるぐらいにとがめるのだ。それが何よりも本人のためになると信じているからである。

一方、新しいものにトライして、情熱を傾けて失敗したときには、彼はきわめて好意的だ。いかに本田宗一郎が百パーセントの着陸成功の結果主義者でも、若者に対しては違うのである。

語録のように〝失敗〟を二種類に区別するのだ。過信、慢心、油断、ゆるみから失敗した場合は厳しくとがめて、苦い思いや口惜しさをとことん味わわせる。

好きで努力して、情熱を燃やしてやったのに失敗した場合は、その失敗の原因を科学的に分析させ、反省させる。失敗にもかかわらず逆にほめることもある。

本田宗一郎が育てた河島喜好、久米是志、川本信彦、吉野浩行といった社長になった男たちは、この二種類の失敗で本田からの怒られ方が違っていた。そこで河島らも逆に自信をつけ、誇りを持たされた。これが、ホンダイズムが若者たちを惹きつける大きな理由なのである。

そこで本田宗一郎はこういう。

「自分の得意な分野でつまずく人は、結局、自分に裏切られているのである。その原因は何かといわれて、一つだけあげられるのはおのれの力に対する過信である」

本田は〝良いほうの失敗〟に対して、こうアドバイスする。

「どうか失敗を恐れず勇気ある行動をしていただきたい。これは、失敗をしてもよいのだということではありません。同じ失敗を二度とやってはいけない。同じ失敗でも原因が違えばいいんです。原因の同じ失敗をする人は反省のない人です。失敗を恐れることなく、しかし原因の同じ失敗を二度繰り返すな、ということがいいたいのです」

そして〝よい失敗〟には、次のような〝殺し文句〟が本田宗一郎にはある。

「成功は九十九パーセントの失敗に支えられた一パーセントだ」

〝よい失敗〟の場合、つまり本田宗一郎が努力、情熱を燃やしたと認めるときには、こういうのである。

「人間の努力というものは、いつの場合でも最良の結果を生むとは限らない。なぜかといえば、努力それ自体は、まったく意志を持たない一つのモーションなのである。たとえばいくらモーションがよくても、必ずしもストライクだとは限らないのと同じである。投手のコントロールのよさがあって、モーションも生きるのである。牛や馬は、命令通りに努力すればよいのだが、人間の場合はつねに適切な方向づけと、その効果をたしかめる自分自身のきびしいコントロールが必要だと思う」

「人間は刺激されないと発展しない。困ったとき、苦しいときの知恵が尊い。発明する条件でいちばんいいのが、苦しむこと。経験して苦しむということだ。

苦しめば苦しむほど、人から見ればわずかな発明でも、自分にはどれだけの栄誉か分からない。栄誉があって、苦しみがないということは絶対ありえない。

この二つの同居人を片方だけ追っ払って、上澄みだけとろうなんてできない。

失敗もいい。もし失敗もせず、問題を解決した人と、十回失敗した人の時間が同じなら、十回失敗した人をとる。同じ時間なら失敗した方が苦しんでいる。それが知らずして根性となり、人生の飛躍の土台となるから」

●何事も〝やらまいか〟精神で立ち向かえ

本田宗一郎は明らかに〝経験主義者〟である。

浜松地方の方言に〝やらまいか〟という言葉があるが、この意味は複雑なニュアンスを持っている。四百勝投手の金田正一の〝やったるで〟は有名だが、この意味は必ずやってやる、という強い意志と願望が含まれる。

〝やらまいか〟のほうは、刺激を受けるとすぐに行動を起こす、という意味もある。とにもかくにも、とりあえずやってしまおう、ということだ。

本田宗一郎の行動には、いささか〝やらまいか〟精神にもとづくものが多い。

私はそんな本田宗一郎について、次のように書いたことがある。

「本田ほど試行錯誤の多い経営者はいないのではないか。

教育、あるいは指導によって、ムダな失敗はすまい、と考えるのは人間の常だ。しかし、本田にはそういった常識論は当てはまらない。自分がやってみないことには承知できない。失敗というものに恐れがない。一つのことに失敗すると、多かれ少なかれ、次のリアクションにまで時間がかかるのだ。

ところが本田の場合、そのリアクションがとても早い。もちろん当人は反省して次の行動をとっているのだろうが、他人にはその反省が見えないぐらい、次の行動が早いのだ」

この行動の早さ……が〝やらまいか〟なのである。そしてそれが、新しい技術を学ぶための〝試み〟ということになる。

「技術屋というものは、失敗したときは必ず反省するが、成功すると反省しない。

どうして成功したかという復習がないんだ」

●〝手抜き〟発想があってこそ技術は進歩する

ちょっと古くなるが、私が昭和五十八年の秋、三菱電機の鎌倉製作所を訪れたときの話である。三菱電機の鎌倉製作所は、横須賀線の大船駅で下車する。

大型コンピュータ、通信機器をつくる工場と人工衛星、ロケット、光通信用部品、レーダー装置を生産する工場が、国鉄の引き込み線で二分されている。いうなれば三菱電機の最先端技術を受け持つ重要な工場だった。

私はとくに三菱電機の宇宙産業への取り組み方を研究するために、東洋一の衛星組立工場に向かった。SF映画もどきの、四階までの吹き抜けになっている総合組立て試験室は、二、三階のテラス状に張り出した大きなガラスの入った部屋から眺められる。そこで当時の電子第一事業部の平岩美秀宇宙開発統轄部長に話を聞いた。

「アメリカでは多数の人工衛星をつくった経験で、どこで手を抜き、どこで力を入れるかを知っているんです。スーパークリーンルームにしても、ゆるやかにする所と、より厳しくする所をつくる。何がなんでも全力投球をしたら技術もへばる。こうした技術の緩急を宇宙研究所の林友直教授が〝手抜き工学〟という論文で発表しています。

中国では雨天体操場のようなところで人工衛星を組み立てているし、インドの衛星工場に行ったときは、クリーンルームの中で仕事をしている人が裸足なんで驚いたものです。その点、日本は技術の〝手抜き〟を知らない。少々、オーバーステップだと思います。そのあたりを私たちは考えてみたいと思っているんですよ」

この話は面白い。読売巨人軍の江川卓元投手の手抜き投法は有名だった。プロ野球なら非難されても仕方がないが、合理性を追求する技術の場合、いい意味の〝手抜き〟は、絶対に必要であるはずだ。

それなら日本の衛星技術は手抜きをできないのだろうか。

まず本田宗一郎がいみじくも指摘したように、日本の技術者の多くは失敗したときは厳しく反省して、二度と失敗をくり返さないために必死になる。これはこれで重要なことなのだが、成功したときはなぜ成功したかを厳しくふり返ってみないものだ。これが、手抜きできない大きな原因になるのだ。

●成功にも失敗にもきびしい反省の眼を向けよ

前出の平岩元部長は続けて語った。

「日本とアメリカの衛星技術は、経験の深いアメリカがリードしているのは当然なんですが、そこで日本のメーカーは技術供与をアメリカから受けます。ところがアメリカは、成功した技術は、驚くほどよく教えるが、失敗した例は絶対に教えない。

万が一、失敗したときはどうする、という技術が最高の技術なんですよ。成功した技術なんて、本当は技術じゃなくなるんです。しかし、成功した技術というのも反省すると、いろいろな欠陥や不安が出てくる。それもアメリカは教えない。ただ、ひたすら〝こうすれば成功する〟という教え方です」

そこで重要なのは、アメリカに教わって成功した技術を必ずアセスメントして、反省することなのだと平岩元部長はいうのである。

本田宗一郎は本田技研が、まだ世界のホンダにならない昭和三十年代の初め、次のような言葉を〝ホンダ社報〟の中で述べている。画期的なスクーターのジュノー号を発売したものの、いくつかの技術的な失敗で製造を中止した。このジュノーの失敗は本田技研の技術発展史のなかでエポックメーキングなできごとなのである。それだけに珍しくも本田宗一郎の言葉には悲壮感があふれている。

「自己の職場を愛する気持ちのない人や、自己の仕事の欠点を知りながら改めないようでは会社をつぶすに等しい。たとえば、ジュノーの風防にしても、ガラスにひびの入ること

を知っていながら自分で解決しようとする意志が見られない。我われは徳義心で商売をしているのであり、その前には、自分の裸の仕事であるとかないとかなどは、一片の意義すらないのである。

諸君に当社が研究所ではないことを、もう一度よく考えてもらいたい。時間の流れには一刻の猶予もあり得ない。勤め人根性を捨て去り、物事を自主的に解決していく必要がある。諸君は中小企業がなぜつぶれそうで、それでいてつぶれないかを知り、中小企業のおやじの気持ちになってもらわなくてはならない」

ジュノー号は、発売するまでは〝失敗〟どころか、大成功のスクーターだと本田宗一郎以下の本田技研の技術陣は思い込んでいた。

しかし、画期的なプラスチック車体そのものは大成功であっても、成功に酔って反省が行われなかった。そこに大きな落とし穴があった。

部分的にすぐれていても、総合的にみるとスクーターとしての整合性に欠けていたのだ。本田宗一郎の悲壮な言葉は〝反省〟の重要性を、心からしぼり出すように訴えている。それがまた、こうした語録になる。

「進歩とは反省のきびしさに正比例する」

逆境は人間を育てる力である

「私は与えられたものが何であれ、『考える』というものがないと興味がわかないんです」

●苦難こそ飛躍のチャンスだ

克服と飛躍の原点を本田宗一郎は〝考える〟というところに置いている。きわめて常識的な思想だが、人間は苦境に置かれると、とかくあわてふためいて〝人間は考える葦〟どころの騒ぎではなくなる。下手な考え休むに似たり、というのがせいいっぱいのところだろう。

しかし、苦境を克服するには、じっと頭の上を通りすぎる苦難を忍耐で待つことも必要かも知れないが、それでは次なる飛躍はむずかしい。そこで本田宗一郎の哲学は、災転じて福とすることが大事だというのだ。つまり、苦難期は飛躍のためのチャンスと思うことだというのである。

昭和二十九年の本田技研は、今日から振り返ってみると、大きな苦難期だった。まず第一に人気商品だったカブの売れ行きが急落した。

このカブというのは、自転車の後輪に補助エンジンをつけた二輪車なのだが、ライバルの鈴木自動車のダイヤモンド・フリー号などが、自転車の三角フレームにエンジンを置く方法で市場に参入してくると、もろくも敗退してしまった。

それに加えて意欲的スクーターのジュノーの失敗、さらに許可制バイクのベンリー号に欠陥など、有望製品が相次いで売れ行き不振になった。そしてとどめをさすように主力のオートバイのドリーム号の排気量アップ作戦が市場に受け入れられなかった。かくしてホンダ製品は在庫の山となってしまった。

とくに営業、経理を担当していた当時の専務の藤沢武夫の苦悩は大きかった。このまま不振が続くと、本田技研の発行した約束手形は不渡りになる。そうすればオートバイ戦争を勝ち抜いて、大メーカーへの道を歩みかけた本田技研も、あえなく倒産の運命をまぬがれなくなる。

そこで藤沢はドリーム号生産工場の埼玉製作所へ乗り込んだ。本田宗一郎はほとんど埼玉製作所にいた。

「とにかく議論しても新ドリームが売れないことは事実だ。パワーアップしたドリーム号の新製品の生産を中止、定評のある旧製品を五日間で全力をあげてつくってくれ！だいたいこの工場は乱雑すぎる。だから製品にトラブルが生じたりする。こんなエンジンでメシを食おうとするのは言語道断だ」

この工場の親方は本田宗一郎である。社長である本田宗一郎を専務の藤沢が遠慮会釈なくコテンコテンにやっつけたりする図は、とても他社では見られないことだろう。

社長の本田宗一郎は、製品が悪い、といわれては返す言葉もない。ともかく〝専務〟の鶴の一声で、社長以下は旧製品のドリーム号の再生産をはじめた。

これで急場をしのいで現金を手に入れた。しかし、それだけでは根本的な解決にほど遠い。あきらかに倒産寸前の経営危機なのである。旧製品の生産再開の次は納入業者の支払カット、加えては支払い手形の期日をジャンプしてもらわなければ資金繰りがつかないのである。

藤沢は考え抜く。もし、手形の支払いをカットすれば、納入業者は倒産の前兆だとして部品納入を中止するだろう。そうなれば生産ストップ、たちまち倒産、という事態が藤沢の頭の中を駆けめぐった。

が、藤沢は意を決して、全納入業者に集合をかけた。

「今までのようには代金は払えない。これから買う品物とこれまで買ったものを加えて、その代金の三十パーセントをお支払いする。そして手形は書かない、ということで我慢してもらいたい……」

ずいぶんと乱暴な話だけに、集まった業者は騒然となる。しかし、藤沢の熱意と迫力がものをいって案は承認された。

さらに藤沢は主力銀行の三菱銀行に行って、首脳部に説明した。

「かくかくしかじかで、当社は倒産寸前です。しかし、今まで以上に資金の面倒をみてもらいたい。いやなら取引先にすべてを支払って、三菱銀行道連れの覚悟でいさぎよく倒産します」

のちに三菱レーヨン社長に転じた、ときの古川副頭取は、その藤沢の気迫をこう説明した。

「私は京橋支店長当時から本田技研担当だった。そのときの藤沢さんはよほど考え抜いたすえの態度だったんでしょう。だからのちに、私の前に短刀を置いて三菱銀行の支援がダメなら切腹する、とおどかしたというデマまで出たんですよ」

●「考える」運命を避けた人間は敗残者になる

こうした藤沢の八面六臂の活躍に対して、社長の本田宗一郎はどうしていたのか。

実は必死になって技術改良に没頭していた。ともかく新ドリームを完璧なものに仕上げなければならない。本田宗一郎は徹夜の連続だった。

もちろん藤沢の必死の経理、営業畑の苦闘は百も承知なのだが、いっさい藤沢にまかせてある。余計な口出しは絶対にしなかった。

それだけに本田宗一郎も悩みに悩んだのである。連日の対策で憔悴した藤沢の自宅に、夜が白々と明けてくる頃、本田から電話がかかってきた。

「片づいたよ。これでドリームのパワーアップは解決したよ。俺《オラ》、昨夜、床の中で考えた。そうしたら頭の中でエンジンが動き出して止まらなくなったんだ。朝やってみたら思った通りだったよ」

この電話を受けた藤沢は、のちに本田のオヤジの真情を思って涙が止まらなかったと述懐している。

ドリーム号のパワーアップの失敗は、本田宗一郎の設計の発想に部品の技術が追いつかなかったということだが、どたん場で本田、藤沢が必死に考え抜かなかったら、今日の本田技研は確実に大メーカー（世界のホンダ）にはなれなかっただろう。

この事件の反省も込めて、本田宗一郎は次のようにもいっている。

「今考えると、逆境のときが一番の修業期間だったんですよ。『困ったな』ということがいかに多いかが、私を育ててくれた力になったと思うね」

「人間は生まれながらに考えることを運命づけられている。しかもこの運命は、あらゆる人間に共通に与えられており、権利にもなっている。この考える運命を避けようとする者が敗残者になり、それをもっとも有効に使った者が勝利者として君臨するわけなんです」

「私なんかは経営が順調に行っているときは、哲学とか宗教なんてことは、全然考えもしなかった。けれども仕事がうまく行かないで、苦しみ、悩んだときに、初めて自分を育てる何かをつかんだと思います。人間、逆境をくぐり抜けないで、成功しようなんていうのは無理ですよ」

●苦労するのが楽しくてしかたがない

終戦の年の昭和二十年から二十一年にかけての一年間、本田宗一郎は何もしなかった。「進駐軍がやってきて、民主主義、デモクラシーがにわかにはやりだした。軍国主義華やかなりし頃、民主主義やらデモクラシーは〝不忠〟の考え方だったし、その正体もよく国民には分からんかった。それで民主主義とはどんなものか、しばらく観察することに決めたんだよ」

本田宗一郎が昭和十二年に設立、経営していたピストンリング製造の東海精機重工業は、終戦直前には軍事工場になっていた。数千人が働く浜松の〝大企業〟に育っていた。したがって浜松では本田宗一郎はもはや成功者であり、土地の有力実業家だった。その意味では本田宗一郎が数人の町工場のオヤジから身をおこしたというのは誤りだが、一方、町工場からスタートという〝神話〟が正しい部分もある。

つまり、東海精機の株式を当時の豊田自動織機に全株譲り渡して、本田宗一郎はゼロからスタートしたからだ。民主主義を観察するとかの理由で、新しく本田技研工業を設立するまで本田は一年間、尺八を吹いたり、殊勝にも寺で坐禅を組んだり、将棋をさしたりという生活を続けた。

「軍需工場というのは親方日の丸だ。それが民主主義になると〝主人〟〝親方〟が変わる。民主主義の親方は、国民なんだが、その新しい親方の国民が、何を欲しがって、どうすればいいかが分からなかっただよ」と本田宗一郎は浜松弁を混じえて語った。

本田宗一郎は、はた目には悠々自適の生活に映ったものの、やはり真剣に世の移り変わりに目を据えて悩んでいたのである。

本田宗一郎の半生の中で、この終戦のショックはきわめて大きかった。この〝逆境〟をくぐり抜けて、町工場の本田技研工業を設立する。このときは再び本田宗一郎は裸一貫のスタートなのである。しかし、本田は生来の明るい性格、前向きの積極性で逆境を乗り越えた。

「ぼくはいつも苦労ばかりしていたけど苦労というのは楽しみなもので、一歩一歩よくなって、薄皮がはげていくように病人が健康体になっていく感じというのはうれしいものでね」

昭和二十一年十月、浜松市山下町の東海精機の疎開工場に、本田技研工業を設立した。

アメリカ軍の艦砲射撃で浜松市は、そのとき焼野原になっていた。まだこのときの本田技研はオートバイをつくっていない。スリガラスの機械、ベニヤ、食品、それにアイスキャンデー製造機やら食塩製造機と、手当たり次第、需要に応じたり、または気のむくままに様々な機械をつくったものだ。

中古のフォードのエンジンを取り外して、出力二十kWのバカでかい発電機を本田がつくったときは「ありゃ気違いだ」と浜松では有名になった。

やがて本田宗一郎は旧日本軍の〝いすゞ六輪トラック〟を手に入れた。しかし、ガソリンがない。そこで車体の半分もある大きな薪の炉をとりつけた。この木炭車で、東京に山積みされていると聞いた小型の無線機用の軍用エンジンを仕入れにいく計画をたてた。東海精機時代の取引先の三国商工という会社に軍用エンジンはあるという。

この珍妙な改造木炭大型トラックで、浜松〜東京間を片道二日間で走破する。が、当時とすれば、これは人もうらやむ特急の輸送手段だった。

箱根の山越えは、トラックよりも人が走ったほうが速い。ハンドルを握る本田宗一郎に対して、助手席の男は重量を軽くするため走って先にいってしまう。そして後からやってくる本田のトラックを、山の上で寝て待つのである。

「人は、私の頭の中に創造力というバッテリーがつまっていて、つぎつぎにアイディアがとび出すように思っているが、そんなことはな

い。四苦八苦の末の、いわば苦しまぎれの思いつきなのである。人並みはずれた好奇心と、努力と、反省のサイクルをフル回転させて、へとへとになりながらアイディアを見つけ出しているのが実状だ」

●やってみもせんで、何をいっとるか！

ある意味で終戦時のような〝逆境〟に置かれたときに、一番本田宗一郎らしい真価があらわれる。本田宗一郎の語録の多くは、こうした経験に裏打ちされている。それがのちの本田技研の技術思想にまで昇華していくのである。

次の言葉は、こんな逆境を経験している本田宗一郎だからこそ意味があるのだ。たんに大学工学部を出た技術者が、やはり工学部出身の部下にこういったら通用するか、どうか。

「簡単にギブアップするということを、我われはやらなかった。『それは、ムリでしょう』とか、『おそらくダメでしょう』といった言葉は、

『やってみもせんで、何をいっとるか！』

という一喝でけしとんでしまう。一見ムリなものが、ああやってだめならこうやってみろというねばりの前に可能性を持ちはじめてくるのである」

本田技研が成長していく中で、大きな経営上の節目に何度もぶつかった。そのたびに本田宗一郎は人間的にも成長していく。

たとえば中小企業のオヤジ時代の本田宗一郎は、お世辞にもスピーチは上手といえなかった、と本田の古い友人は証言する。それが現在の本田宗一郎は第一級の話し上手になった。人間的成長の証拠だというのである。

本田宗一郎は終生、無神論者で、一円のお賽銭も上げたことがないという妙な自慢をした。が、本田は逆に宗教に対しては、きわめて謙虚なのだ。それは、苦しいときに悩んだことによって、彼が「悩み」の本質をきわめているからであろう。

「私はね、自分の行い自体が哲学であり、宗教であると考えているん

です。

哲学を分かりやすく、具体的に説いているのが宗教じゃないですか。ですから〝本田哲学〟を持っていれば、それでいいんで、既存の宗教なんかを信心する気は全くありませんよ。

自分で『オレは神様だ』と思っているんです」

●感動や悲しみは率直に味わいつくせ

本田の本質がきわめて宗教的なのは、この語録ではっきりしよう。自分で「オレは神様だ」というのは本田らしいユーモアだが、本田はたしかに〝内なる神〟〝心なる神〟があるようなのである。その意味では無神論ということにならないかも知れない。

こんなこともある。昭和五十三年四月、本田宗一郎はさち夫人、それに河島喜好と三人連れでアメリカに旅行した。本田宗一郎と同様に日記をつけない河島喜好は、小型版宗一郎だが、ただ一つ違うのは洗礼を受けたクリスチャンという点だ。

この一行はアメリカ中西部の田舎町の空港に降り立った。オハイオ州コロンバス市郊外にあるドンスコット飛行場だ。ときのオハイオ州知事のジェームズ・ローズ知事らが、いまや世界的なミスター・ホンダ夫妻らを出迎えた。

こんなときの本田宗一郎はひときわ映える。日本人にはときとしてヘキエキするような本田宗一郎のオーバー・アクションも、かの地なら、ごく自然でスムーズなのだ。陽気な本田宗一郎に外人の親しい友達が多い理由は、なんとなく分かる。

出迎えたローズ知事もホンダの親しい友人の一人だ。このときから十一年ほど前にふとした夕食会で知り合って、その後、ずっと交際を続けていた。

ローズ知事は是非とも本田技研をオハイオ州に誘致したかった。なにしろハワイ州をのぞく全米の州知事は、日本の自動車産業を誘致すべく猛烈な誘致合戦を展開していた。トヨタ、日産、本田技研などに各州知事による正式な進出依頼の手紙が殺到していた。本田技研にとってオハイオ州はそんなワン・オブ・ゼムにすぎなかったのである。

ところが河島喜好は本田技研、というよりも日本の自動車産業の初のアメリカ工場建設の場所をオハイオ州に決定した。河島によれば「知事とオヤジが親しい、というのは結果論で、各州を調査した結果、労働力をはじめとする立地条件がいちばんオハイオがすぐれていたまでのことです」ということなのだ。

しかし、二代目社長の河島の決定に本田宗一郎もローズ知事も喜んだ。本田夫妻のアメリカ行きはすんなり決定した。そこでローズ知事らのオハイオ州政府のお偉方の熱烈歓迎を受けたわけだ。

空港ではさっそく記者会見が催される。このとき、青い眼の記者から「なぜオハイオをホンダは選んだのか」という当然の質問が飛んだ。無神論者の本田宗一郎はすかさず答えた。

「HONDAが、このオハイオ州に工場を建設することになったのは、それはまさに〝神のご意思〟によるものです」

現地の記者は喜んだ。ミスター・ホンダが神かけての進出を約束したと解釈したからである。記者は本田宗一郎が〝無神論者〟なのを知るよしもない。

しかし、この本田宗一郎の〝神のご意思〟の発言は、たんなるリップサービスではなく、きわめて正直な本音なのだろう。うがってみれば、本田のいった〝神〟の正体は、この計画を決定した敬虔なクリスチャンの河島喜好に対しての本田流気くばりで、イエス・キリストをさしたのか、と受け取れる。と同時に本田宗一郎の〝内なる神〟〝心なる神〟に対するものとも解釈できる。

また本田流の茶目っ気とも受けとれるのである。しかし、そんなせんさくに大して意味はなかろう。要するに本田宗一郎はこの計画に対して素直に喜んでいる、というのが偽らざる気持ちだったからである。

それが彼の〝宗教心〟ということだ。が、本田宗一郎は、宗教に対してはっきりとこういっている。

「科学を否定する宗教は、邪教である」

そして本田宗一郎の自らの内なる〝宗教〟は次のような哲学に支えられているのだ。

「悲しみも喜びも、感動も、落胆も、つねに率直に味わうことが大事だ。なぜかといえば、そこに、次の行動への足がかりもできれば、エネルギッシュな意欲も生まれるからである。鋭敏で振幅のある感情というものは、いつの場合でもモーションの生まれる発火点だ。これがイカレてくれれば、人間が動物に退化するのである。自分から捨てれば、奴隷として生きることである」

② 自由奔放に走りぬく！

努力を努力と思わずに生きる

「〝惚れて通えば千里も一里〟という諺がある。それくらい時間を超越し、自分の好きなものに打ち込めるようになったら、こんな楽しい人生はないんじゃないかな」

●底抜けの〝陽気さ〟が奇跡を生んだ!

昭和四十八年(一九七三年)十月、本田宗一郎は自らが築き上げた本田技研工業の社長の座を退いた。それは、パートナーの副社長、藤沢武夫ともども、鮮やかすぎるぐらいの退陣劇だった。

戦後、日本経済の奇跡の回復を象徴した本田技研――。ソニー、ホンダと並び称された両社のうち、本田技研のほうが、創業者・本田宗一郎の完全引退で一足先に企業の〝年号〟が変わった。

本田が引退した四十八年、日本経済は石油ショックに見舞われた。ほぼ棒伸びに成長してきた日本の経済は、そこで手痛い打撃を受けた。また、高度成長時代にほぼ終止符を打ち、日本経済が完全なターニングポイントを回った年でもあった。

そんな企業経営の転換期は〝人〟の面でも如実に現れた。それは本田宗一郎引退の直後に、松下電器産業の松下幸之助の引退が公にされたこともある。「過去を振り返ってみると、よくやってきたと自分で自分の頭を撫でてやりたいぐらいだ」の言葉とともに、経営者としての現役を松下幸之助は退いた。松下、本田のリタイアは戦後の日本経済の〝ある時代の終わり〟が象徴された出来事だった。

以来、日本経済は低成長、安定成長への時代に向かって、本格的にテイクオフした。したがって、本田、松下という〝時代を象徴〟した男たちが、経営の第一線を退いてから、はやくも四十年以上の歳月が流れたことになる。だが、本田宗一郎という経営者はいまだ

〝輝き〟を失なっていない。

しかし、本田にしろ松下幸之助にしろ、歩んできた一生は、今日からみても、単に苦労の積み重ねという根性物語、努力物語だけにとどまらない。

とくに本田宗一郎の特色は、今日の本田技研を築き上げる苦闘の物語のなかで、悲壮感の漂うような逸話が、ほとんどみられないことにある。その独特の着想、発想はいつも底ぬけの〝陽気〟〝根アカ〟に支えられていた。それが没後二十五年になるのに、いまだ多くの人をひきつける最大の理由になっているのだろう。

その意味では、とかく物事をつきつめて考える日本人的な考え方にならされた人々には、これが新鮮で魅力的なホンダイズムに映るのではなかろうか。

なにせエンターテイメントにしても、日本人はそこに〝道〟を求めたがる。たとえばプロ野球の選手でも〝野球道〟なるものを強調すれば、多くの人々は納得する。また流行歌手にしても一流といわれる人たちは〝求道的〟なのである。

たかが野球選手、たかが流行歌手とみるのも一つの見方だが、されど野球選手、されど流行歌手という解釈も勝手だ。しかし、あまりに〝求道的〟すぎると、そこには必要以上に〝努力〟やら〝根性〟が強く表面に出過ぎるのではないか。

ところが、本田宗一郎のやり方は、努力やら根性を表面に出す必要がない。基本的な本田宗一郎の考え方は、好きなことなら、人間は〝努力〟を努力と思わずにすむ。あえて〝根性〟を意識せずとも、おのずと根性がそこに備わっているということだ。いわゆる本田流の明るさが自然に生まれるし、生き甲斐や幸福も生まれてくるというわけである。

〝惚れて通えば千里も一里……という文句は、まさにホンダイズムの原点といっていい。本田宗一郎はその意味でいうなら〝求道者〟ではないのである。そこにあるごく普遍的なホンダイズムに多くの人々が共鳴するのだ。こうした本田宗一郎の〝楽天的根性論〟は、この本の多くの語録の基本になっている。

これらを読み、どう解釈するかは個人の自由だが、少なくとも読者は、本田宗一郎の底抜けの明るさ、陽気さというものを念頭に置いて、語録を読み進んでいってもらいたいと思う。

「明治三十九年、浜松市在の鍛冶屋の伜に生まれた私は、鉄を打つ槌

の音を子守唄と聞いて育った。

物ごころつくかつかぬうちに、くず鉄を折り曲げ、わけの分からぬものをこしらえ、私はいとも満足していた。好きな悪戯には時間は気にならず、着物の袖は垂れ落ちる青っぱなをこするので、合成樹脂でぬり固めたように真黒になった。『冬などカチンカチンになるので、おかしいやらで、叱れなかったね』と、母はよくその当時を思い出して苦笑する」

●発明するのが何よりの喜びだった

本田宗一郎の少年時代のエピソードは、天衣無縫、無邪気な少年小説の主人公そのままである。が、今日の教育の枠中からみるなら、宗一郎少年はたんに悪童にはとどまらず、深刻な〝問題少年〟あるいは〝非行少年〟ということになるかも知れない。

しかし、追々と紹介していくが、「宗ちゃん」と呼ばれる色白で目鼻、口許の可愛らしい少年が、大人も考え及ばぬ奇想天外な悪戯をするさまは、風光明媚な天竜川上流の寒村の光景をバックシーンとして、リリシズムを散りばめた痛快な少年物語である。黒柳徹子の自伝の〝トットちゃん〟とは異質な物語だが、大人には〝少年時代〟の甘酸っぱい郷愁をかきたて、少年には時代を越えた共感を与える健康的なストーリーである。

いま少し本田宗一郎に〝文才〟ありせば、この物語をものにしたろう。少年時代の〝宗ちゃんの喜びと悲しみ〟は爆発的なベストセラーになる材料を充分に秘めているのである。

本田宗一郎は、静岡県浜松市から天竜川をさかのぼった光明村というところで生まれた。現在は天竜市になっているが、かつて私がこの本田宗一郎の故郷を訪れたときも、まだ木材中心のかつての〝寒村〟の趣きを残していた。

天竜川と二俣川の合流する地点、ＪＲの遠州二俣が最寄り駅になる。有名な天竜下りの終点が、この二俣だといえば、あらかたの風景は想像できよう。

峻険な土地柄ゆえに、実り多き美田、良田などがあるはずもない。山あいに猫の額ほどの田畑がひろがるのみである。その代りY字形の天竜川の合流点あたりから製材工場やら、切り出された木材が山積みされているのが目につく。あたりは芳しい木の香が漂う。

ここから歩いて十分ほど山中に入る。そこにやや開けた山村がある。船明《ふなぎら》と呼ばれるひなびた集落だ。さほど昔と景色は変わっていないだろう。紺かすりの袖を鼻水で固めて黒光りさせた悪童の宗ちゃんが、弟を背負いながら、竹の棒をふり回しているシーンが想像できる。

が、村の火事もあって、村の建物は往時とは一変しているようだ。たとえば宗一郎少年が、〝螢の光〟を唱った出身校の山東小学校（現光明小学校）も、昔の場所にはない。その跡地は、コンクリート建ての近代的な幼稚園になっていた。旧山東小学校を偲ばすものは、古びたコンクリートの校門しかない。

その門柱の裏には次なる文字が読みとれた。

『大正十四年五月建立　寄付者　山東中村青年会』

私はその足で、移転して新しくできた小学校に行ってみた。光明小学校と名前を変えていたが、その校門は立派だった。天竜川の奇岩を組み上げた校門には『昭和五十二年三月吉日』とあり、そのあとに本田宗一郎ともう一人の地元の成功者、山崎卯一の寄贈とある。

旧小学校の校門が建てられた大正十二年といえば、本田宗一郎は東京のアート商会という自動車修理屋に奉公中だから、寄贈のメンバーに入っていたかどうかは、定かでない。

しかし、新、旧の校門の間に横たわる半世紀という時間の流れは、村一番の悪童をして、世界のホンダを築き上げた立志伝中の大人物に仕立て上げてしまった。その半世紀以上の時の流れの中で本田宗一郎は、独特の〝人生哲学〟〝幸福の哲学〟を編み出した。宗ちゃんは、いつも明るく、底抜けに陽気にふるまって、大成功をおさめるのである。

鉄を打つ槌の音を子守唄として育った宗一郎少年は、ひなにはまれな〝科学少年〟として本領を発揮するまでに、さほどの時を要しない。すでに小学校に上る前から、大人たちを驚かす〝発明〟もしでかすのである。

「小学校四年頃、村に初めて動く車体が、青い煙を尻からポッポッと吹きながら、走り去ったのである。

私はそのガソリンの匂いをかいだとき、気が遠くなるような気がした。普通の人のように、気持ちが悪くなってではない。胸がすっとしてである。そのときのたまらない香りは幼い私の鼻を捉え、私はその日からまったく自動車の亡者みたいに、走るその後を追っかけまわした。金魚のふんだと笑われながら、自転車がすり切れる程、ペダルを踏み、自動車の後を追って、ガソリンの芳香をかぎ、悦に入っていた」

●“感動体験”をそのまま仕事に持ち込め！

天竜川上流の山村に、大正初年、自動車が現れることは滅多にない。たまに姿をみせたフォードT型などは、まだチューブ入りのタイヤをはいてはいないのである。固いゴムだけのチューブレスのタイヤで、木製のスポークの自動車はゴトゴト山道を昇ってきたに違いない。

が、本田宗一郎少年からみると、そのゴトゴトと山道を行く自動車は、まさに疾風。枯葉をまいて、目にもとまらぬスピードで走り来たり、走り去ったように思えたのだ。宗ちゃんこと、本田宗一郎はこうして少年時代に自動車に巡り会った。

宗ちゃんにすれば、自動車に巡り会ったことは、多くの少年が〝なにかに巡り会って感動する体験〟と同じようなものだったろう。その〝なにか〟とは、人によって異なるのは当然だ。都会育ちのある人の〝なにか〟は、たくましく飛ぶオニヤンマを手にしたときとか、田舎育ちの子が都会のデパートでエスカレーターに出会ったとき、また素晴らしい音楽に聴き惚れた経験、欲しかった望遠鏡を手に入れたときの感動……。

要するに少年少女時代の、最初のみずみずしい感動の経験は誰でもあるはずである。それがたんに甘酸っぱい思い出だけになっているのが、ごくあたり前の人間といえようか。ところが本田宗一郎は、宗ちゃんの時代、小学校四年の感動をそのままずっと持ち続けたのである。

この感動を大切にしたことが、本田宗一郎の半生を、自らも認めるように〝幸せなもの〟にした。

また、この〝信念〟によってか、本能的にというべきか、本田宗一郎は好きな道だけを歩んできた。

一途に〝クルマ屋〟に専念し、思うがままに好きなクルマに打ち込んだのである。

そうなると彼の姿は〝努力する人〟というよりも、〝楽しむ人〟として人の眼に映る。本田宗一郎は思い切り好きな仕事をする。仕事が終わると喜びが残り、次の仕事に楽しみを覚える。この繰り返し、その蓄積が今日の世界のホンダを築き上げた。したがって本田宗一郎の半生に〝努力〟〝根性〟を期待するのは間違っている。

●人は楽しむために生まれてきた

少年時代、トコトコ走る自動車を彼は必死になって自転車で追った。宗ちゃんの父が村で一軒しかない自転車屋を営んでいたからといって、もちろん当時は少年用の自転車などがあるわけはない。大人用の重い自転車の三角フレームの間に足を入れてペダルをこぐ三角乗りで自動車のあとを追うのである。

息を切らした少年は、自動車のガソリンの芳香をかいで、喜んだ。つまり、三角乗りの自転車で、自動車のあとを必死に追うのは、本田少年にとっては〝努力〟でもなんでもない。好きだからこそ、息を切らして文明の利器、目にもとまらぬ猛スピード（？）の自動車を追跡したままでのことなのである。

この考え方は、本田宗一郎が亡くなるまで変わることはなかった。つまり、その点、本田は少年の心を終生持ち続けたのだ。本田宗一郎の思考は、ときに純粋すぎて面喰らうことがある。つまり発想が固定観念や先入感に邪魔されず、まさに少年のように伸び伸びとしたものだからだ。これこそが本田宗一郎の自由奔放に生きることの基本になっている。

本田宗一郎の発想の柔軟さには、本田技研の役員たちもしばしば戸惑った。「オヤジ（本田宗一郎）の考えることは子供っぽい、と思ったことは何度もあった。ところが、オヤジのいう通りにやると、それは子供どころか、やはり天才と思わざるをえなかった」と、ＣＶＣＣエンジンの生みの親である杉浦英男本田技研元会長がしみじみと私に語ったことがある。

本田宗一郎の自由奔放な生活は、その意味で少年時代の純粋な延長線上にあるのである。そこが本田宗一郎の大きな魅力なのだ。努力を努力と思わないで生きる。根性を意識せずに暮す。それだけでも素晴らしい人生になる。

人は楽しむために生まれてきたというのが本田宗一郎の人生訓だ。そして、楽しむ方法論が、悪徳でなく、自分のためになって、かつ世の中に役立つこと。それはむずかしいことではないというのである。好きな道を、くよくよせずに突き進むことだというわけだ。

「私が汗まみれになって働いていたから、本田技研は成功したというのは、私だけに通用することであって、ほかの人には通用しない。その人その人によって、人生のやり方が違うのは当然である。

私は金をいじるのは不得手だから、人にやってもらう。私は不得手なことはやらず、得手のことしかやらないことにしている。人生は『得手に帆あげて』生きるのが最上だと信じているからである」

●生きているのを忘れるほどの幸福

自由奔放、いい意味の個人主義、楽天的……というのが本田宗一郎の大きな魅力になっている。たしかに本田宗一郎は〝働き者〟であった。そして徹底的に遊ぶ。身体も丈夫だったのだろうが、なによりも精神がきわめて健康なのだ。

本田が仕事をするときは、間違いなく汗まみれ、油まみれで熱中した。二代目社長の河島喜好は、本田の直弟子だけに少なからず感化、影響を受けている。それは過去を振りかえって感傷にふける、といった点が少ないことだ。

とかく事業に成功したりすると、おのれが歩んできた道を振りかえり、今日の自分と照らし合わせて感傷にひたるのが常人である。

しかし、本田宗一郎は自分の生い立ちなど、本田技研とそれほど関係のない話は嬉々としてするものの、本田技研での苦労話はすでに公になっている事実のほかは、あまり語ろうとはしなかった。事業は感傷にふけっているよりは、未来に続く希望のほうが大きくなくてはならない、という持論があるからだ。

こんな思想を河島喜好は強烈に受け継いでいる。

「本田技研は創業時から変わっていない。あい変わらず中小企業だといわれますが、それで結構。本田技研の〝質〟はいささかも変化ないし、変化があってはいけないのです。変化というのは技術や経営の意思決定を時流に合わせるだけでいいのです。

私は本田技研は量的に拡大したものの、質的に変化はないと思うのです。それがホンダイズムで、これは本田技研の歴代の社長に間違いなく受け継がれていくと考える。久米是志三代目社長も間違いなくホンダイズムを継承していた。それは四代目の川本信彦、五代目の吉野浩行と歴代社長に間違いなく継承されている。

でもホンダイズムとは何か、と正面切って聞かれてもそう簡単に答えられるものではない。身体で覚えていくようなものだからです。ただ仕事が好きで、熱中できる男が、ホンダイズムを身につけていることかなあ」

河島喜好はこんな話はよどみなく話す。しかし昔話になると「忘れてしまった……」とごまかすことが多い。それでも本田宗一郎の昔の働きぶりをポッポッと語ってくれた。

「なにしろ研究がたけなわになると、三日三晩ぐらい食事もしなけりゃ、眠ることもない、という凄さでした。私なんか若かったから、そんな人間の生理現象を放棄して研究できなかったけど、オヤジは平気だった。研究が一段落して研究室から出てくると〝おい、腹へったなあ。俺、生きてるのを忘れていた〟というんですからね」

●自分にない才能は全面的に信じよ！

本田宗一郎は熱中できることには、誰にも遠慮なくそのことに没頭する。しかし、不得手なものをやらなければならないときは「俺よりもこんな仕事は上手なヤツがいるはずだ」ということで、思い切りよく人にまかせる。そしてあとはいっさい、口をはさまない。

その点では本田は危険と思えるほどに、自分が持っていない才能を発揮する男を信頼するのである。それが藤沢武夫に経理、営業の全権をまかせることになったのだ。

世界のホンダを築いた本田宗一郎のパートナーの藤沢武夫は本田宗一郎をこう表現した。

「〝得手に帆あげて〟というだけなら、本田宗一郎は〝天下の無責任男〟になる。しかし人には、カネのことは藤沢にまかせてある、といいながら、本当は心配していた。

ある日、カネ繰りのことで困り、本田のオヤジに相談に行ったことがあった。そのときの彼の表情は忘れられない。俺に悪そうな顔だけでなく、カネに不得手な自分が、どうにか役に立とうと真剣なんだね。

それから数日、オヤジから明るい声の電話があった。〝俺《オラ》、すぐにカネになる商品を考えていたんだ。どうやらすぐ売れそうなものができたから、見にきてくれ〟というんだ。どうやら不眠不休で開発したらしい。その誠意にわたしゃ、思わずジーンときたね。そのくせ、人に向かっては〝俺がカネのあとを追うんじゃなくて、カネが俺の尻を追ってくる〟なんて平気でいうんだ」

「試す」ことで学べ！

「欠陥の多い人間は、特徴も多い人間だ」

●奇人変人だからこそ、どでかいことをやれる

一見して〝万能型〟の器用人間がいる。万事にソツがなく、欠陥がないようにみえるものの、どこか魅力に乏しい。そんな男でも詳細に観察すれば、欠陥はゴロゴロと露呈するに違いない。しょせん、人間は欠陥が多いものと考えなければならないのである。

しかし、欠陥の物理的な数の問題ではなく、目立つ欠陥、派手な欠陥を持つ人間は、と

かく〝欠陥人間〟にされやすい。そんな男は逆に特徴がかくされてしまう場合が多いのだ。が、いったん特徴が引き出されると、逆に欠陥のほうがかくされてしまう。本田宗一郎は自らの体験から『欠陥の多い人間は、特徴も多い人間』という語録に到達したのだろう。

この語録は、平凡に解釈すれば、ごくあたりまえのことだ。しかし、本田宗一郎が世界のホンダを築き上げる過程で、本田宗一郎が集めたり、あるいは集まってきた連中をみると「なるほど」とうなずける人間が多いし、その点を考えると、この語録に〝凄味〟さえ感じるのである。

まず御大の本田宗一郎は、さち夫人がいなければ、満足に社会生活も営めないほどの〝欠陥人間〟だったということだ。研究に夢中になれば、洋服を着たまま風呂に飛び込むことなど珍しいことではなかった。

知人や部下の結婚式なども注意されなければ、たちまち忘れてしまう。さち夫人は苦肉の策で、本田宗一郎の眼鏡のフレームに結婚式の場所と時間を書いて、コヨリにして結びつける。それでも亭主は無意識にむしり取ってしまうぐらいなのだ。

そして本田技研をともに築き上げたパートナーの藤沢武夫……。変わり者という点では藤沢も人後に落ちなかった。現役時代、落語家のようなゾロリ着流しで藤沢は出社する。

たまたま私はそんな藤沢と銀座で出くわしたことがある。

「よお、お茶でも飲みに行くか」

藤沢は気軽に私に声をかけて、近所の喫茶店に入った。藤沢はきわめて話好きだ。どこまで本当の気持ちかは分からないが、こんなこともいうのである。

「本田技研はどうやら会社の体裁をなしてきたよ。これから俺がやりたいのは新聞社だな。新聞社の経営なんてどこもなってない。

でも俺が新聞社を経営したらダントツになって、日本の新聞界のバランスが崩れるわな。それに新聞社をやったら、本田宗一郎をどうやって使うかが問題だよ。あの天才オヤジを充分に使うためには本田技研がいちばんふさわしいわけだ。残念だが、本田のオヤジをこき使わなければ、日本の損失になる。そうなりゃ、天皇さまや国民に申訳ねえ。それで新聞社をぶったてるのは夢としてあきらめたねえ」

こんな話を二時間も熱心に語り、コーヒーを五杯もおかわりしたのである。さすがのウエイトレスも「あら、五杯目ですよ。お客さん」「ありがとう。カネ払うよ。飲み逃げしねえから……」といった調子なのである。角帯の一見、芸人風の藤沢武夫が、まさか〝世界のホンダ〟の最高実力者とは、ウエイトレスも気づくはずはない。

「わたしは、ほとんど本を読まない。そのかわり、人に聞く。わたしにとって、他人は、全部、教師であり教科書なのである。一度で理解できなければ、何度でも聞く。人間、聞くことや教わることは恥じゃないというのが、手前勝手な信念である。

それにわたしは、学歴がないから勉強していないということが看板だ。だから聞くことは一向に平気なのである」

●耳学問を最大限に活かしきれ

ある一面で本田宗一郎は月並みな〝経験主義者〟かも知れない。ただし、若者や年下の人に嫌われる経験主義者ではない。とかく経験主義者の嫌われる点は次のような言葉だ。

「キミは何歳になる。ほう、私はキミの年齢のときは、こんなことをやっていた。キミもしっかりしなけりゃいかん。私たちがキミたちの年代の頃はもっと厳しかったんだよ。今は甘やかされている。よほど頑張らないと、私には及ばんよ」

この言葉、実はどの時代にも、年長者と年下の関係を表すときに使える。天保生まれの人が明治の若者に、そして明治生まれが昭和生まれに似たようなことをいい続けてきた。十歳ほど年が違えば、この言葉は充分に使用できて、それなりの〝効果〟があがる。最近では五歳ぐらいの違いでも、こんな言葉を先輩面して、偉そうにのたまう男もいる。

だが本田流の合理的な考え方をもってすれば、いつの時代も先輩よりも後輩がいちじるしく劣っていて、甘やかされた環境にいるなら、世の中の進歩はないはずというのである。もし、後輩が劣るなら世の中は確実に退歩しなければおかしいのだ。

つまり、先輩と後輩――。これは同じ環境ではない。それを比較すること自体がおかしいのである。たとえば水泳の古橋広之進が、昭和二十四年、一五〇〇メートル自由形で、十八分十九秒フラットの世界記録を樹立した。この記録はまさに当時は驚異的なレコードだが、現在の記録と比較すれば女子選手以下のものにしかすぎない。

古橋選手が「オレがキミの年には、世界記録を出した」というなら立派なものだが、そのタイムを自慢したらナンセンスになる。世の中、えてしてそのナンセンスを自慢のタネにする傾向が強いのだ。本田宗一郎の経験主義は、自らの〝自慢〟のネタではない。そこに本田語録の〝価値〟があるのだ。

本田宗一郎は自らもはっきりと述べているように読書家ではない。読書を通して教養を積むというタイプではない。彼は教養をめざすのではなく、役にたつ知識、実利的な知恵を追い求める。教養などは意識しないでも、知識に取り組む姿勢があれば、おのずと内部発酵して自分の中に蓄積されていく、という考え方なのだ。

対照的に石坂泰三元経団連会長（昭和五十年没）は、無類の読書家であり、明治生まれの日本人としては典型的な教養人だった。石坂は「ごく一般の人は、金を蓄めるより教養を蓄めるほうがやさしいものだ。両方、蓄められないのでは情けないかぎり」と断言した。

石坂流の教養の基礎はよりすぐられた古典を中心とする〝読書〟にある。ところが実利的な知識を求める本田宗一郎には、読書をする〝時間〟がない。そこで編み出した手が、〝真剣に人の話を聞く〟ということになる。これは松下幸之助にも共通する。松下幸之助は「天下一の聞き上手」といわれた。

あらゆる世代、階層、教養の差を問題にしないで、本田宗一郎は〝耳学問〟に精を出したのである。この勉強が、本田流の発想の基礎になる。

「日記は消しゴムやインク消しで消せるもんだ。後で都合が悪けりゃ、破ってもいい。
ところが自分がたどってきた真実の人生は、消しゴムで消せないわな。本当の日記というものは、その人の〝人生〟そのものだ」

●決して自分をごまかさないという信念を持て

本田宗一郎は〝日記〟のたぐいはいっさい書いたことがない。ところが絶妙のパートナーだった藤沢武夫は、きちょうめんに詳細な日記を書きつづってきた。

某日、私はそんな点について本田宗一郎に聞いてみた。本田宗一郎はこんなところをポツリといった。

「むずかしくいうんじゃねえけど、日記の記録性を重視するなら、つづり方のようなものは意味はない、と思うんだよ。というのは自分で自分にウソをつくのが日記の悪い点でもあり、いい点でもある。

たとえばだね。苦しいときなんか、客観的に書くより、将来はこういう望みがある、なんて逃げ道を書く。また人に読まれたりするんで、さしさわりのないことを書く。どうも日記というヤツは、自分で書いているのに、後でみると自分が信用できない。自分に不信を抱くようなものは、俺の性分に合わないんだナ」

このあと破顔一笑して、

「本当は子供のときから作文が大の苦手だったんだよ。それに〝浮気〟なんていうのは、その人にとっては大切なことだろう。ところがそんな浮気を日記で正直に告白したらどうなる。たちまち女房は〝お世話になりました。実家に帰らせていただきます〟ということになる。

なんたって日記という動かぬ証拠がある。日記に書いたことはウソです、なんていっても、もうダメだよ。裁判所だって日記を証拠として取り上げるよ。俺のとこなんか、いまやカカアが強いから、俺が追い出されちまうよ。だから俺は子供のときから作文が下手だったために、今日の幸せにつながっているんだ。ワッハッハッハ……」

という具合なのである。しかし、本田宗一郎の〝日記論〟には、いくつかの真実がズバリいい表わされている。たしかに本田宗一郎が日記を書かない本当の理由は、子供のときから作文が嫌いだった、という他愛ないことなのだろう。しかし、反面、技術屋として自分をごまかす、というようなことは、本田宗一郎にとってがまんできないことなのである。

本田宗一郎の生きる姿勢は、本当のことを追い続けることなのだ。本田宗一郎は技術についてのロマンを持つ男だが、意識的に必要以上のロマンチシズムを否定する。その点はきわめて合理的であり、ドライなのである。また、人は人、自分は自分という個人主義的な考え方も徹底している。

「六本木（藤沢武夫をさす）が日記を書くのは、あの人はそれを活かせる男だからな。俺と違って日記にウソを書いたとしても、それは〝ウソも方便〟というように、明日につないでいけるウソを書けるんだよ。お釈迦さんみたいな男だな。こりゃ、ほめすぎかな。いま頃、ヤッコさん、くしゃみがとまらないぞ」

が、底抜けの笑いの中に、本田宗一郎の技術者としての厳しさが垣間みられる語録といえよう。

「昔から、『見たり、聞いたり、試したり』ということばがある。これは物事を覚える例えに使われたことばだと思うが、『百聞は一見にしかず』のほうが効果的だ。しかし、私はこの中で最後の『試したり』が一番大切だと思っている。
つまり、私の場合は『なすことによって学ぶ』という実戦的勉強法が、一番力になり、身にもついたというわけである」

●自らの手で試すことに技術の進歩がある

本田宗一郎には若い時代から「日本のエジソン」なる異称があった。

彼はまだ無名だった、戦前の浜松時代、中小企業の若いオヤジの頃、すでに大企業だった日本楽器の中興の祖・川上嘉市によって、「日本のエジソン」と命名されている。文才のあった川上嘉市の膨大な著作集の中で、本田宗一郎の異能ぶりが紹介されている。

たしかに本田宗一郎は、なんでもつくり出す〝天才〟といえる。その異能ぶりがもっとも発揮されたのは、終戦直後の物資不足の頃だろう。本田宗一郎は独特の機械を考案して〝製塩〟を行う。遠州灘の海水から上等の精製塩をつくり出して、人々に分けた。続いて不足していたガラスから食器まで……、手当たり次第に〝発明〟してしまうのだ。

しかし、いかなる〝発明〟も、少年時代から抱き続けたエンジンの魅力には勝てなかった。時至ればエンジンを……、というのが「日本のエジソン」の真意だった。

電電公社（現NTT）元総裁の真藤恒が私に次のようなことを話したことがある。真藤も〝ケイザイセンケイ〟という技術用語を国際語化させた秀れた造船技術者だ。ケイザイセンケイとは、真藤が考案した船首に円い球をつけることにより、水の抵抗を少なくする画期的な省エネルギー船のことだ。よってこのタイプの船を〝経済船型〟もしくは〝真藤船型〟という。

「エジソンが偉いのは、すべて実験、研究を自分の手で試したからだ。ところが最近の技術者は分業化され、また偉い技術者は理論だけで自らの手で試さない場合が多い。試すのは下ッ端の技術者だ。これでは新技術の開発は心もとない。

電電公社で私は〝試せ、自分で試せ〟といっているんです。そして私はこういってやる。エジソンはカネさえあれば数学者を雇うことができる。ところが数学者はエジソンを雇うことはできない。たとえエジソンを雇っても使い方が分からんだろう」

この真藤の言葉は、本田宗一郎の持論と寸分も違わない。百聞は一見にしかず、は大切だが、それ以上に本田が大切にしているのは、なすことによって学ぶということなのだ。

そこで本田宗一郎がナッパ服を着て、嬉々として孫の世代の若い技術者と一緒になって、エンジンを分解し、設計し、ビス一本まで自ら組立てに参加するという姿になる。

この本田宗一郎の、技術のトップも現場で「試す」という技術思想は、たしかに本田技研ではいまや〝社風〟として定着している。

「幸福というものについて、これだといい切れる考えはまだ私も持っていないが、私は『会社での仕事も楽しく、家庭での生活も楽しい、つまり一日二十四時間を楽しく過ごすこと』が幸福だと思っている。

言葉はすこぶる平凡だが、この内容は非凡だと自負している。それと、自分の幸福な状態が『他人の目にも楽しく、心も楽しませる』ものでありたいとも私は思う」

●〝亭主関白の恐妻家〟が男の幸せ
「俺は快楽主義者というわけじゃないぞ。でも本当は遊ぶのはおもしれえから、半分以上は快楽主義者かも知れない。後の半分がそうじゃないのは、女房が恐いからブレーキをかけられているせいかも知れねえな」

本田宗一郎は思いのほか、家庭を大事にする。恐妻家ぶるのは有名な話だが、ことさら恐妻家を強調するのは、多分に亭主関白を〝逆説〟的に自白しているようなものだ。

が、本田にいわせれば、ときに亭主関白、ときに女房の尻に敷かれるという夫婦関係がもっとも自然なのだという。つまり〝亭主関白の恐妻家〟が健全な家庭を築く基本だというのである。これが本田宗一郎が家庭も楽しい、と断言する最大の理由だ。

会社の仕事も本田宗一郎は同じ思想で貫いた。女房役の藤沢武夫に対して、自分の不得手なことはすべてまかせた。ときに本田技研は女房役の藤沢武夫副社長の〝カカア天下〟に思えたのである。ところが研究、開発になると、本田宗一郎の亭主関白を藤沢武夫は存分に許した。こうなると、会社の仕事も、家庭と同じく、本田宗一郎にとって楽しいことになる。

本田宗一郎に〝悲壮感〟ほど似合わない言葉はないといわれている。たしかに彼は本能的に〝悲壮感〟を漂わせることが嫌いなのだろう。それが本田宗一郎流の他人に対する〝気くばり〟といえる。

彼はいつも陽気なムードを求める。しかし、それだけでは馴れ合いになり、厳しさに欠ける。そこで彼は爆発的な怒りをみせる。ただし、これも計算づくではない。少年時代の宗ちゃんが、真っ赤になって怒るのと、本質はいささかも変わっていないのである。旧きよき時代の子供の特権は、なぐり合っても、すぐに仲直りができたことだ。ケンカしても互いに邪心が少なかったからだろう。

本田技研の草創期の頃、河島喜好や杉浦英男（元会長）などは、この本田宗一郎のストレートな怒りのターゲットだった。その怒り方もすさまじい。スパナで襲いかかったり、椅子を振り上げてなぐりかかる。だが、怒りがおさまると、怒られたほうが驚くほど本人はアッケラカンとしている。

「なんだ。河島、お前、俺にブンなぐられたのに、今日は嬉しそうじゃねえか。どうだい、今晩はパーッといくか。でも、またブンなぐるかもしれねえぞ、ワッハッハ」

周囲はこれですっかり和らぐ。本田宗一郎のくったくない楽しそうなさまは、人の目にも楽しく、心を楽しませる結果になるのだ。

真の「自由人」として生きる

「修身を頭から受けつけなかったからこそ、現在の私があるし、とくに現在の若い人たちの考え方とそう違わないと自惚れるだけの私ができ上ったといえそうだ。

修身を子守歌に育った同世代のおとなたちからは長い間『ホンダ・アプレ』などと陰口をいわれたこともあるが、私は一つも気にしなかった。

このような未来の少ないオトナたちの歓心を買うより、未来に生きる若い人たちと気心を知り合ったほうが、私としても嬉しいからだった」

●修身は法律ではない！

既成概念やら先入観を本田宗一郎は徹底して嫌った。

「裁判官になったら、判例というのを大切にしなきゃならんだろう。俺、そんなのはいやだな。だいたい自分の行動に責任持つ、その考えでいいんじゃないか。ああでもない、こうでもない、という人のきめたことや、言葉なんかを後生大事にして、自分の考え方はあまりない。自分はそれで結構だが、他人に無理強いするのは〝犯罪〟だよ。

してはいけないことは、法律で決められる。それは法治国家の国民であれば守るのは義務だが、修身は法律じゃない。だいたい日本人全部が、修身の教科書のようだったら、味気ない世の中になる。そうなれば修身的思想はナンセンスというヤツになるわな。

過去にとらわれていたら進歩はないよ。過去というのは、明日の進歩のために踏み台と

して利用しなくちゃいけないんだよ」

この言葉でもお分かりのように、本田宗一郎は〝自由〟をこよなく身体で愛する男なのである。場合によっては宗一郎的なものの考え方は〝危険思想〟と考える保守的な人たちも少なくないだろう。しかし、本田宗一郎は骨の髄まで自由人なのだ。修身を子守唄に聞く年代にありながら、自由な発想を奔放に行うところに本田宗一郎の本当の若さがあったといっていい。

本田宗一郎が若き日に乗ったレーシングカーがあった。このレーシングカーでレースに出た本田は、猛スピードで走行中にクルマが横転した。即死しても不思議ではないアクシデントに見舞われながら、たいしたケガもしなかった。本田宗一郎のこうした九死に一生を得たエピソードはこれだけにとどまらない。自家用機の墜落事故にも遭っている。

にもかかわらず、かすり傷程度しか負わなかった本田は「オレ、運がいいんだよな」ともいう。たしかにそうだろう。かりにサイコロの目が違って出ていれば、今日の本田宗一郎はなかったし、つれて世界のホンダも誕生しなかった。

●若さを評価するがゆえに後進に道をゆずる

さて、本田宗一郎の若き日の想い出のレーシングカー。本田技研の、二十歳にもならない高校出の若手の連中が集まって「オヤジが乗っていたレーシングカーを復元製作しよう」ということになった。そして、みごとに往時の〝勇姿〟が再現されたときの本田宗一郎の喜んだ顔、表情はまさに万金の値といえるほど、屈託のない純粋なものだった。

「よくやった。若さとはたいしたものだ」と孫の年代の若い従業員と肩を組み、上機嫌で冗談をいい合った。「未来に生きる若い人たちと気心を知り合ったほうが、私としても嬉しいからだった」という本田宗一郎の表現は、まったく文字の上だけではないのである。

修身を拒否した悪童あがりの本田宗一郎は、ジェネレーション・ギャップを乗り越え、若者と心からつき合える〝幸福な老人〟といわねばならない。だが、本田の活々とした表情を見るかぎり、彼を〝老人〟と呼ぶのは、なにか異和感がある。

それほど本田は若々しい気持ちを持っていたのだ。本田宗一郎はその意味で次のようなしみじみとした語録を書いている。

「私は生きることを恐れなかったように死も恐れていない。どんな人間でも老いて、やがて死んでいく……それは順番であり、よいことなのだという思いを、他人様より多少強く持っている。一方にそんな考えを持っていると不思議なもので若い者がいとおしく思えて

くる。で、なるべく早く交代してやろうという気持ちに心底なってくる」

そして本田宗一郎が社長の座を降りた昭和四十八年十月、こんなことを彼はいった。

「若いつもりでも、副社長も私も六十歳を超えている。もはや、私たち二人が先頭に立ってみんなをリードする時期は過ぎたと思うし、口をだす必要もない。

副社長は売ることを中心に、金や組織など内部のこと、私は技術のこと、つくるほうのことと対外的な面、と分担を分け合ってきた。二人とも半端な人間で、二人合わせてはじめて一人前の経営者だったのだから、退くときもいっしょにというのが、自然な、二人の一致した考えになった」


「ぼくのような年配になってくると、同じ技術屋で、そういう技術の方面では知恵があると思ってたって、全然おくれてるんですよ。時代おくれしているんですよ。知恵おくれよ。今の年寄りは知恵おくれ。

それがいつまでもがんばってちゃ、もう会社はつぶれるに決まってるよ」

●誇りはあってもメンツでつっぱってはならない

本田宗一郎の技術者としてのプライドは、主要な技術の論争では、負けたことがないということだろう。したがってこんなエピソードも理解できよう。本田宗一郎のエンジンに対する基本的な考え方は、水冷式よりも空冷式のほうがすぐれている、というものだった。

第二次世界大戦でナチスドイツのロンメル将軍の率いるドイツ機甲化師団は、史上最強とされた。この一つの理由が、ロンメル戦車隊の戦車のエンジンが空冷式だったことといわれる。

エンジン屋として本田宗一郎は、このロンメルのフォルクスワーゲン製の空冷エンジンにいたく心を惹かれていた。それで本田技研で開発するエンジンは、経済的で強じんな空冷エンジンを理想としていたのである。

ところが空冷エンジンは、排気ガス対策がやりにくい。そこでホンダの誇る新エンジンのCVCCは、水冷式が採用されることになった。この中心技術者は三代目の本田技研社長になった久米是志である。久米は水冷エンジンの採用を強く主張した。自分の主張が入れられなければ、ということで辞表を出して旅に出てしまった。

ここで本田宗一郎と久米是志という〝新旧技術者〟のすさまじいエンジン論争が起きて、結果、本田宗一郎が敗れて社長を退き、久米是志の将来の社長の座が確定したというまことしやかな噂が流れた。この点に触れると本田宗一郎は珍しく奮然として色をなす。激して顔色さえ変わるのだ。

「オレが久米たちとエンジン論争をして負けたという馬鹿者がいる。いつオレが久米と論争をやったんだ。ただの一度も久米とオレが論争したことはない。久米の主張が受け入れられなかったのは、オレは知らなかった。絶対に論争なんかしていない」

本田宗一郎は感情が静まると、

「水冷式のほうがやっぱり排ガス対策に都合がいい、と技術屋連がいう。オレもなるほどと思ったね。オレがなるほどと思ったのに論争なんてありっこない。技術屋というのは誇りはあってもメンツで突っぱるのはよくないんだよ。しかし、正直いってオレの時代は過ぎたと思ったんだな。オレは技術論争に敗れて社長を退いたわけじゃない。自らオレの古さを悟ったからだ」

日本で四輪自動車が初めて走ったのは明治三十三年、西暦一九〇〇年、二十世紀が始まると同時ということだ。日本における自動車の歴史というものは、ピタリと二十世紀に入ったとたんに幕を開けたことになる。

当時、皇太子だった大正天皇のご成婚記念とかで、在米の邦人が、かの国からはるばる四輪電気自動車を献上した。当時の新聞は、あたかもスペースシャトルの打ち上げほどの大騒ぎで、東京三宅坂で行われた試運転を報道した。

3、2、1、ゼロで発進した文明の利器。道を埋めつくした見物衆の中から一人の目の悪い老婆が飛びだしてきた。

「はて？　面妖な？　馬のない馬車が走るとは」と検分のために自動車に走り寄った、と記録にある。これであわてた〝運転士〟は、ハンドルを切りそこねて、哀れ内堀にドブンと転落した。これが本邦最初の自動車による〝交通事故〟と伝えられる。

これから百余年……。日本の自動車産業はめざましく発展した。その中で本田宗一郎の天才的な技術は、はやくも古めかしくなったというのである。しかし、自らの古さに気づく技術者は数少ない。だいたい技術者は絶えず新しい技術を追う習性があるからだ。

「老人経営者にとって、救いとは何か。私は若い人たちの長所を見つけてやり、ほめてその長所を伸ばしてやることだと思う。
縁もゆかりもない人物であろうと、力のある人物ならその力を見抜いて次の経営者として正当な評価をしてやる。それができてはじめて真の経営者なのに、見抜き、ほめ、伸ばし、チェンジするという必修課程をきちんとこなしてみせる経営者は少ない」

●若手中心主義が企業に大きな活力を与える

本田宗一郎は〝老害〟という言葉を、自分が年齢を重ねるごとに強調するようになった。たしかに本田技研の経営は無謀とも思えるほどの若手抜擢を行ってきた。昭和五十八年十月、二代目社長から最高顧問に退いた河島喜好は昭和五年生まれの五十五歳だった。当時、通常の大企業なら、よくて専務の年齢であり、課長、係長でもおかしくなかった。これから社長レースに出馬する年齢である。

すでに本田技研では昭和ヒトケタ前半の生まれは、完全な〝老人〟ということになっていた。もちろん大正生まれはいうにおよばずだ。本田技研では〝明治は遠くなりにけり〟ではなくて、三十年も前に〝昭和ヒトケタ〟も遠くになりつつあったのである。

この当時の企業では経営陣の〝昭和化率〟というのが問題になっていた。私の古い友人の週刊ダイヤモンド・小熊征人元編集長はかつてこういった。

「ウチの雑誌で大企業の経営陣に、どのぐらい昭和生まれがいるかを調査した。たしかに活気のある企業は昭和生まれが過半数以上という企業は少なくなかった。たとえば富士銀行や住友銀行などの昭和化率は、専務クラスまで進んでいた。でも年功序列型ですから、トップの経営会議メンバーには、まだ昭和生まれは少ない。

その点、本田技研は杉浦英男会長、久米是志社長以下、昭和化率は百パーセント。売上高二兆円になんなんとする大企業で本田技研型は希有といえる」

　この小熊編集長の解説でも分かる通り、この時代でも本田宗一郎の〝老害〟の語録も、みごとに有言実行されていたのである。私の記者時代の後輩であって、本田技研をよく知る経営評論家の高木敏行も次のようにいった。

「日本のすべての企業が〝本田型〟になったら大変なことになる。いわゆる〝サラリーマン秩序〟、おおげさにいうならサラリーマン社会は崩壊してしまうかもしれないし、新たな老人問題を生みだすかもしれない。

　しかし、本田流の〝若手中心主義〟は、企業に活力を与える意味でも、もっとも効果的だと思う。これも創業経営者の本田宗一郎の〝若者と老人〟についての的確な考え方、それに老害防止の哲学があるからできたこと……」

　たしかに企業の若返りは、すべての経営者の絶えず念頭を離れない重要な経営課題だろう。

　トップが率先して若返りを実行し、それが社風にまで定着するのは、なみ大抵のことではない。それだけに本田宗一郎の〝有言実行〟の若返り語録は価値がある。

　もう少し本田宗一郎の〝老害論〟をくわしく本人の口から聞いてみよう。

「生あれば死あり、早く終うるも命の促《ちぢま》れるにはあらず――これは陶淵明の詩の一節だそうだが、私流に解釈しても、まことにその通りで、社長という〝生〟は限りあるものなんだよ。しかし、社長を辞めたからといって、その人の人生そのものが終わるわけではない。人間、死ぬまでは生きるのだから、その間に、今までできなかった趣味なり社会奉仕の名誉職なりを思う存分すればいいんだ。

ところが、世の中の現実はそうではない。いつまでも経営者でいたい、つまり社長の椅子にしがみついていたいという人間があまりにも多すぎる。私にいわせれば、そんな人間の十人に九人は老害をふりまいている。若い人が見たら十人が十人、老害の塊《かたまり》というよ」

❸ 〝不可能〟を可能にする！

思想なき技術に進歩なし！

「私の哲学は技術そのものより、思想が大切だというところにある。思想を具現化するための手段として技術があり、また、よき技術のないところからは、よき思想も生まれえない。

人間の幸福を技術によって具現化するという技術者の使命が私の哲学であり、誇りである」

●地位を不動のものとした開発

〝逆転発想〟という言葉が流行したことがあった。そんな折り、本田技研の技術思想を調べていくと、まさしくこれぞ〝逆転発想〟といったケースにいくつもぶつかったのを記憶している。その中でもっとも分かりやすい例は、省エネルギータイプのCVCCエンジンの開発にあたっての〝思想〟だった。

このCVCCエンジンは昭和四十六年二月に完成した。このエンジンが実用化した後、本田宗一郎は社長退任の決意をする。だが、このエンジンの研究、開発の主役はもはや本田宗一郎ではなかったのだ。

本田宗一郎の〝技術思想〟はあくまで尊重され、エンジン開発のポリシーも、本田宗一郎の思想を基盤としていたが、実際に研究開発をやったのは、杉浦英雄や久米是志、川本信彦、吉野浩行らをリーダーとする若手のエンジニアだったのである。

ともあれ、このCVCCエンジンの完成で本田宗一郎は「時移り、我が役割すでに終われり」と感じ、弱冠四十五歳だった河島喜好に社長の座を譲って退任した。したがって、このCVCCの開発は本田技研の歴史の中で、きわめて重要なエポックメーキングだったといえる。

このCVCCとはいかなるエンジンなのだろうか。ごく簡単に説明しておこう。

当時は、排気ガス対策がそのメーカーの将来の運命を決める、といわれた時代である。そこで世界中のメーカーが、この難問に挑戦した。が、本田技研はいちはやくCVCCのおかげで排ガス規制をクリアーした。トヨタ、日産、それにGMやフォルクスワーゲンなどの世界の有力メーカーに先がけてクリアーした本田技研の技術が脚光を浴びたのは当然だろう。

厳しい日本の排ガス規制にパスした低公害エンジンのCVCCは、複合渦流調速燃焼式エンジンという。まず電気洗濯機を思い浮かべていただきたい。古い型の洗濯機が撹拌《かくはん》式だったのをご記憶だろう。やがてそれは噴流式に変わっていく。理由は洗濯物のすみずみまで、くまなく洗剤がいきわたり、しかも早く洗え、洗剤も少なくてすむからだ。

CVCCも、ガソリンと空気の混合気を噴流式にした。効果は噴流式の洗濯機と同じだが、機構的にはこの技術はやさしいものではない。しかし燃焼度が高いので、排ガス対策はやりやすい。

アメリカのビッグ3は、いずれも「開発は技術的に不可能である」としてマスキー法という規制法に猛反対し、政治的圧力で実施延期をさせたときである。その〝不可能〟を本田技研では、世界の自動車業界のトップを切ってなし遂げてしまったのである。

このCVCCの開発で、本田技研の技術レベルは再認識され、大きくイメージアップして、四輪車メーカーとしての地位を不動のものにする。その意味でCVCCの開発成功は本田技研にとって決定的だった。

●逆転発想で〝不可能〟に挑戦せよ

この不可能なはずの技術に挑戦した本田技研の〝武器〟は、いわゆるホンダイズムという本田宗一郎の技術思想、哲学だったのである。では具体的にどんな技術思想なのか。

本田技研の技術開発でもっとも重要なことは「最初に思想ありき」ということである。ならばその思想とは——。たとえばCVCCの目的である。その目的は省燃費で排ガス対策のやりやすい低公害エンジンということである。杉浦英男が副社長時代、そのあたりを私にこうやさしく解説してくれたことがあった。

「……過去を積み上げて、それを分析していく。必ず欠陥が生まれる。これは技術開発の原理原則です。そうなると〝対策〟をどうするか。

実例で説明します。まずガソリンをいくら消費してもいいから、スピードの出るエンジンを開発しようということになる。ところが、それがガソリンを思うように食ってくれない。

そこで、なぜガソリンを食ってくれないのか、の研究になるわけです。ようやくガソリンを食わない理由が分かる。理由が分かれば、そこを集中的に研究する。これがレース用のF1エンジンの開発、完成につながる……」

「今度は逆にスピードを犠牲にして、ガソリンを食わないエンジンを開発しなけりゃならない。そうなると、エンジンがガソリンを食わない理由は、ガソリンがぶ飲みのレース用エンジン開発で経験ずみです。つまりF1エンジンは、CVCCエンジンの生みの親ということになる。こうした考え方がホンダイズムといえるかも知れません」

まさしくこれは〝逆転の発想〟であろう。

本田技研の技術開発には、こうした例が数え切れないほどある。もちろん本田宗一郎の〝発想〟は、いつもこうした〝逆転の哲学〟から生まれたものばかりだし、それを本田技研の技術陣は、皮フ感覚で吸収し、もはや〝伝統化〟しているのだ。

そこで一昔前はエンジンのビス一本まで本田宗一郎の〝個性〟がにじみでている、といわれたものが、CVCC開発の頃になると思想だけが、本田宗一郎譲りになる。つまり、彼の意を体して開発が進められ、宗一郎抜きでついにCVCCエンジンは完成した。ここで「自分の時代は去った」と本田宗一郎は考え、自ら社長を退任したのである。

「何事も一つの情というものを入れて見なきゃいかんですよ。我われの仕事でも、技術というものは徹頭徹尾これは理論ですわね。しかしその中に物の哀れさとか大事さとかいうものを持って取り組まないと、長持ちするいい技術が生まれてきませんよ」

●まず客の心を治してあげることだ

本田宗一郎はまれにみる〝人間好き〟である。

技術屋といえば、とかく人づき合いが悪い。人づき合いが悪いというよりも、人とのつき合い方の技術がなってない、もしくはつき合い方を知らないという男たちが多いのである。その意味では、天才的技術者に間違いない本田宗一郎も、技術屋の中では〝大変人〟〝大奇人〟というべきかも知れない。

なにせ本田宗一郎は、つき合い方が無差別爆撃的なのである。この男とつき合えば、これこれしかじかのトクをする、という〝科学的計算〟がそこにあろうはずがないと思える。なぜなら、極端にいうと、あの〝人生を楽しむ証拠の呵々《かか》大笑〟につられて一緒に笑う人なら、彼は誰とでもつき合ってしまうからだ。

だから本田宗一郎の周囲には、有名無名、職業、性別、階層を越えた〝友人団〟ができ上がってしまう。ところが本田宗一郎がこうしたつき合いで忙しすぎるため、とても特定の少人数の〝取り巻き〟なんぞができる余裕もないぐらいなのだ。

本田宗一郎の恒例の鮎釣りパーティーにしてもそうである。毎年、東京・下落合の本田邸で、庭の人工渓流で育った鮎を釣って、その場で料理するパーティーがあった。毎年、彼の〝友人団〟がどっとつめかける。元総理から有力財界人、タレント、プロゴルファー、それに名もない人々が一緒くたになるのだ。

たとえば、時の大蔵大臣の隣りでタクシーの運転手といった人が釣り糸を垂れる。糸がオマツリして、大臣が運転手のからんだ糸を外したり、なんていう姿はあたりまえだ。毎年参加していた私はある年、小学生の子供連れで参加したことがある。釣り好きな私の息子に本田宗一郎はこういった。

「坊や、釣るときは気持ちを集中するんだ。そうそう。釣れたか。こりゃ、余計なことをいっちまったナ。気持ちが集中しないのは、このオレだよ。ワッハハハ……」

こんな本田宗一郎に対して、私はさる大蔵省出身のエリートで、銀行に天下った男の話を思い浮べた。私のインタビューには、毒にも薬にもならないソツのない応待をしてくれた。ところが、いかに彼が丁重でも、そこには〝情〟といったものが感じられない。

やがて話はその男の交遊関係に及んだ。仕事のつき合いをのぞいての交遊関係は、情けないほどエリートたちばかりなのである。つまり東京大学法学部の出身者、それに大蔵省のエリートの先輩、後輩だけが親しい人たちということだ。いうなれば完全な〝同類項症候群〟とでもいえようか。

くらべて本田宗一郎の交遊を見ると、ホッとする気持ちになる。こんな彼だからこそ、月並みのような次の語録も光り輝いて見えはじめるのだ。

「自動車を修理する前に、お客さんの心を治してあげることが大切だ。それには礼儀正しく、心の豊かな人間にならなければいけない」

●技術者にこそ〝情〟が不可欠である

こうした本田宗一郎の〝情〟が本田流の技術哲学の基本になっているのは事実だ。ただし、若い頃の彼がこの哲学を意識的に持っていたとは考えられない。むしろ若い頃の本田宗一郎は、本能的に〝技術と情〟を結びつけていたのだろう。しかし、この本田宗一郎の思想は後年、次のように理論づけられていく。

「技術屋がなぜ尊いかというと、人間に必要だから尊いんで、もし何の役にも立たないものだったら価値はない。やはり人間を理解するのが技術の根本原則で、人間を本当に考えない技術は、技術でも何でもない。ですからどんなにいい技術を持っていても、人間のために表現しないんなら、技術がないのと同じなんだ」

本田宗一郎は〝科学〟と〝技術〟をはっきりと区別して考える。

科学は、人間のためというよりは真実の探究が第一義になる。技術はその科学を応用して、人間のために役立たせる手段というわけだ。そこに〝情〟が技術に入り込む余地があるという。科学者と技術者は表裏一体になるべきだが、人間を対象とするかしないかで目的が大きく違う。

科学者の良心は、その意味で人類を絶えず思う気持ちが大切なのだが、技術者は思う気持ちだけではなく、一歩進めて直接人間により便利な道具をつくることなのだ。なのに昨今、技術者たちの〝科学者もどき〟が多くなったという。先端技術まっさかりの時代だけに、技術者の人が自ら科学者もどきの傾向があるなら反省してもらいたい。

ここまでくればホンダイズムは、むしろ宗教的な倫理に近くなるかも知れない。しかし、この哲学に支えられたホンダイズムは、素直に〝お客様第一主義〟が打ち出せる。そこで具体的に本田宗一郎の考え方はこうなるのだ。

「商品というものは、もちろん売れるということが最終の条件ではあるけれども、その売れるものをどうすれば自分の心まで満たしてつくれるか、働くものが一生懸命になれるかということが大事だと思いますね。これをつくればきっと買ってくれる、おれのやっている部分はよそのものよりいいんだとか、そういう誇りというのがあると思うんです。誇りがなくなったら、これはもう製品としてはゼロね」

「経験とは何かといえば、ちょうど『真理』という名の料理をつくる材料のようなものである。材料が良くても、いくら豊富でも、それがすぐ料理の良し悪しになりはしない。
問題は料理人の技術なのだ。才能のない料理人にかかったら、せっかくの材料も台なしだ」

●経験をいかに「活かす」かが重要である

いかに天才でも〝経験〟は貴重なものである。ただし、ボーッとしていれば千回の経験も、天才の一回の経験にかなわないことがある。

経験というものは、次の仕事に活かされなければ何にもならないのである。有能といわれる人間は、いかなる職業でも〝経験〟をどうやって活かすかに熱心な人、ということになるのだ。

経験は少ないよりも多いのにこしたことはない。しかし、それならいつも経験の多い人、年長者が経験の少ない若手よりも有能ということになってしまう。そうなると本田宗一郎の〝若者讃歌〟はなりたたなくなってしまうだろう。本田宗一郎は経験をきわめて尊重するが、それ以上に経験を活かすことに熱心になれ、といっているのだ。

その意味で本田宗一郎がいう〝才能〟とは、天才というよりも、経験を活かす熱意がある人が〝才能〟のある人ということになるのである。

だから経験豊富な人でも〝料理の良し悪しにつながらない〟としている。〝才能のない料理人にかかったら、せっかくの材料も台なしだ〟という語録は、奥行きが深いのである。

若かりし頃、彼が浜松高工（現静岡大学工学部）の聴講生になった話は有名だ。

本田宗一郎はピストンリングの製造をしていたのだが、どうも経験だけではうまくいかない。小学校を卒業して東京の自動車修理工場のアート商会に奉公に出た宗一郎は、金属、とくに合金という本格的技術については、素養も経験もなかった。何度つくってもピストンリングの合金がうまくいかなかったのだ。

そこで浜松高工の冶金の先生のところに駆け込んだ。そうすると合金の比率、さらに彼が考えてもいなかった金属を混ぜるだけで、いとも簡単に彼の目的とするピストンリングの合金ができ上がってしまった。

このたった一度の〝経験〟が、本田宗一郎を天才技術屋として花開かせることになる。つまり、彼は学問というものの凄さを身をもって経験したのだ。

この苦い〝経験〟を活かすことは、学問を身につけることだと思った。それが青年経営者として成功しかけていた当時の本田宗一郎が、聴講生になった理由である。これは前にも述べた本田宗一郎の語録の「技術は思想」にもつながってくる。一回の経験でも、それを大きく活かすには思想が必要だということだ。

逆にいえば思想、哲学がなければ、いくら経験を積んでも動物的に反復作業がスムーズにいくだけにとどまってしまう。また思想、哲学を持っていても、それが間違ったものなら、とんでもない技術者ができ上がってしまうと本田はいう。

「技術はお勝手の包丁と同じだよ。奥さんが使えばおいしい料理ができるが、強盗に持たせれば人が死ぬ」

「世間でよく『あの人は人格者だ』と申します。不正をせず、品行がよく、篤実で人当たりのよい人は確かに人格者であります。

しかし技術者にあっては、かような世の中の定義はそのまま適用されません。その人がいかに篤実で品行がよくても、その人のつくりだす製品が欠点の無い優れたものでなければ技術者としては人格者とは申されません。

よい製品をつくって世の中に貢献する人が技術者として人格者であり、また偉い人なのであります」

●古典的な〝技術屋魂〟を見直せ

高度成長期あたりまで、いわゆる技術者というものは、技術屋気質、職人気質の〝変人〟がよく見られたという。ところが今日は技術者とはいえ、同時に立派なサラリーマンであって、対人関係に秀れた人格円満の人が多くなったという。

裏返してみれば、そんな人格円満な技術者でなければ、企業組織の中で〝偉くなれない〟ということなのだろう。こんな風潮に、本田宗一郎は本能的な反発を感じるのである。

たしかに本田宗一郎の〝現役〟だった時代と異なって、今日の技術は複雑多岐にわたっている。それに技術者も専門のスペシャリストは、より専門化しているが、一方、幅広い技術を広く浅く知っているというゼネラリストも増加しているのである。

つまり技術者の世界は、かつてのエジソンのような、一人の大天才の技術者の時代から、アメリカのNASA（米航空宇宙局）に代表される、平均したレベルにある技術者たちの集団の時代に入っている。

したがって企業の中で、たった一人の天才が存在するからといって、その企業の技術水準が高いとはいいかねる。集団の技術力、つまり〝百人の小エジソン〟たちの時代は、小粒ながら粒揃いを集めればいい。天才は百年に一度しか生まれないかも知れないが、粒揃いなら毎年、確実に学窓を出てくるのである。

成績トップクラスの学生たちは、だいたいが万遍なく各企業に入社する。かくして日本の大企業は、ほとんどこの〝百人の小エジソン集団〟をつくり上げてしまった。そこで生まれた現象が〝技術平準化時代〟なのである。

だから、今やどこのメーカーの自動車にしても、決定的な技術の差は、各社ともきわめて少ない。多くの日本の工業製品の差は、各酒造メーカーのビールの味の差と同じになってしまっている。

こうなると企業競争は技術平準化の中で、どうやって戦い抜いて、しかも〝企業格差〟が出てくるのか。

一つには、安く、大量に安定的に製品をつくり出す生産技術、つまり工場、労働力の差もある。さらに平準化した技術の中で、消費者が何を求めるのかをすばやく探り出して、他社よりも一歩早いアイディア商品を開発、発表する。

が、これも技術力が平準化している時代なので、市場で受けた商品を開発したメーカーが、市場を長く独占するのは不可能だ。他社もすぐに追いついてしまう。

「かなり自信を持った製品を発表しても、ライバルにすぐ追いつかれてしまう。開発だけの研究室段階でいうなら、一カ月先行するのも大変です。要するに極秘裡に行った生産準備の〝期間〟だけ物理的にリードできる、といったほうが本音でしょう」

これは某大手電機メーカーの技術担当の専務の話である。こういう〝技術戦争〟の現実の中でものをいう〝技術の力〟には、百人の小エジソンたちに巧みにタクトを振り、消費者のニーズに応えた新しい製品をつくらせる技術ゼネラリストが必要だということだ。

この広く浅い知識の技術のゼネラリストは、いうまでもなく高級な管理職である。ならば〝不正をせず、品行がよく、篤実で人当たりのよい人格者〟が適していることになる。技術者を束ねる技術——。これも、今日の企業の技術戦争では軽視できない大事な技術だ。

ところが本田宗一郎は、そういった〝商業主義的技術〟を認めながらも、古典的な〝技術屋魂〟の重要さも訴えるのだ。とかく管理の行きとどいた技術者の世界になると、技術オンリーの〝変人〟はスポイルされかねない。いかに〝小エジソン時代〟とはいえ、一人ひとりの小エジソンが人格円満ばかりでは、進歩改良は積み重ねられても、画期的な技術革新は望めなくなる、ということなのだ。

いかにも天才技術者の本田らしい〝哲学〟というべきだろう。各企業の技術者は本田宗一郎の言葉をもう一度噛みしめるべきだ。

「ロボットを入れるラインの設計段階から関与することによって、人間と機械のコンビネーションがうまくいき、いわゆる使いこなせるロボットができる。人間ならではの要素と、ロボットならではの要素がうまくかみ合って、初めてプラスアルファが生まれるのである。

人が機械に使われる、機械にペースを合わせるというのでは、何のための仕事かということになる。人間がより人間らしく仕事をしていくためにロボットを使いこなすんだという、はっきりした思想がなくてはならない」

●人間が機械に使われてはならない

松下幸之助といえば、その出世物語は戦後日本の最大の〝国民的読物〟といっていい。そこで今太閤などと呼ばれ、知名度はそんじょそこらの大臣やら偉い学者などの比ではない。よって松下電器（現パナソニック）の最大の商品は、松下幸之助の出世講談、その〝伝記〟であると私は書いたことがある。

つまり〝松下伝記産業〟というわけだ。

この松下幸之助が本田技研の成長に対して、きわめて大きな関心を払った時期がある。松下幸之助個人、それに傘下の松栄不動産やらナショナル証券も含めて、本田技研の圧倒的な筆頭大株主になったと私は記憶している。

まさかナショナルがホンダを乗っ取ろうという意思はなかったのだろうが、本田技研の一部では、こうした松下電器に対する感情はいいものだけではなかった。あからさまに松下幸之助批判をする幹部もいたぐらいだ。

一方、松下側にしても本田技研の〝文化〟が松下と異種のものと知り抜いていたから、本田技研に対して自動車用の電装品の得意先という以上の関係にはならなかった。

こうした点から松下幸之助が本田技研の大株主になったのは、あくまで松下幸之助個人が、本田技研に惚れ込んだということである。まず松下幸之助は本田技研の工場を見学して、次のことに気づいて驚いた。工場で働く人間と機械のコンビネーションがきわめて上手だという点である。

松下電器といえば、生産技術にかけては電機業界随一の定評がある。要するに〝つくり上手〟なのであり、これがナショナル王国を築き上げた大きな理由なのである。その松下幸之助が、本田技研の工場に据えつけてある機械類がすべて〝固定式〟でないのに驚いた。

幸之助は本田宗一郎に固定式でない理由を聞いた。

「工場は生産台数、それに新しい機種の生産に対応しなけりゃいけない。そのたびに機械類を変えていかなければいけないが、固定していては、その変更に何日もかかります。機械に人間が合わせていたら、機械に人が使われることになる」

松下幸之助は、本田宗一郎の考え方に、深い感動を覚えたという。そこで大阪門真の本社に帰ると、当時の松下正治社長以下の幹部に本田技研の工場見学を命じた。いいとなったらホンダイズムをためらいもなく取り入れる松下電器のバイタリティーはさすがである。

この話は、まだ本田技研が四輪車に本格的に進出する前の、オートバイメーカーの頃のことだ。本田技研の〝生産技術〟の原点は、機械を自在に使いこなすというところにある。今日の産業ロボット全盛時代になっても、このホンダイズムは変わらない。本田宗一郎はロボットについても次のように述べている。

「うちのロボットはうちで全部つくってます、ほとんどというほど。うちのラインの連中がだいたい主体となって考えてそれを動かしてまた自分が仕事をする。自分たちでまた改造する」

とかく本田技研の技術について、新しい製品の開発、研究に対する評価は高いが、松下幸之助の感心した生産技術についての評価はそれほどでもない。しかし、実際はこの生産技術の高さに、本田技研の企業としての強さが集約されているのだ。

それを本田宗一郎は次のようにいう。

「ラインに乗って仕事をしている人まで、自分のこの手で考える、この手で改善していく。そこに要するに労働というか、つくる喜びがあると思うんだね。喜びのない作業なんていうのは、人間を動物化してるよ。牛や馬ならそれでいいけれどね。人間ですからね」

百二十パーセントの仕事をめざせ！

「私は、わが社のモットーとして『三つの喜び』を掲げている。すなわち三つの喜びとは、つくって喜び、売って喜び、買って喜ぶ」

●生産ストップさえも将来への〝実験〟とする

本田宗一郎の〝使命感〟を理解いただけたと思う。本田宗一郎の技術者として、経営者としての喜びはこの延長線上にある。それが「三つの喜び」に到達するわけだ。

だが、本田宗一郎はこの三つの喜びを意識して半生を過ごしたのではなく、おそらく本能的にそうだったはずである。本田技研が成長するにつれ、気がついたら、働く生き甲斐はこの三つに集約されていた、というのが本当のところではなかろうか。

つまり、本田宗一郎は、三つの喜びを得るために、意識的に努力をしてきたということはなかったはずだ。この三つを切り離すことなしに、併せて〝一つの喜び〟として、夢中になってやってきたということではないか。

とかく本田技研の伝統は、夢中になってやってきて、あとから理屈を考える、という面が強い。昭和三十年代の終わり、オートバイの生産調整を行わなければならなかった。そこで本田技研では、一週間ほど工場を全面ストップしたことがある。

私はこのとき「カミナリ族本舗の突然休業」といったタイトルで取材した憶えがある。たしかに取材をすすめると、突然休業のもっともらしい理由は、多面的にいくつも浮かび上がってきた。取材が終わる頃には、筋の通った〝理論構築〟があるように思えた。しかし、その実体はそれほど〝立派〟なものではなかったのである。

「オートバイ市場は供給過剰だ。市場の価格崩れを防ぐには、生産調整するしかない」

この考え方が大前提である。どうしても生産調整は避けて通れない。そこで、まずこのことが決定される。この決断がホンダらしいのである。何が何でも生産調整を行うという結論が、ゆるぎない決定になる。そうすると次のような考え方が続々と生まれてくる。

「思い切って生産を中止するなら、その機会に工場の機械類を総点検する」

「営業面では在庫調整をはじめ、ユーザーのニーズを調べるのに絶好のチャンスだ」

「労務サイドは、従業員の一斉休暇で士気がどうなるか。福利厚生の充実として休業をとらえたらどうなるか」

「購買部門は、非常時の生産調整に対するノウハウを開発できる機会だ」

本田技研のすべての部門は、本来は後向きの生産調整という行為を、たちまち前向きの〝実験〟としてとらえてしまうのだ。

つまり、生産調整を決断するときは、こんな理論構築はなかったのである。また各部門の〝影響〟を考えて、そこで下手な調整を考えれば、時間がかかり、とても工場の一斉ストップなどは〝暴挙〟として実現不可能になっただろう。また実現しても不徹底の中途半端な減産ぐらいしかやれなかっただろう。

●単純発想だからこそ活力ある経営ができる

この本田技研の思い切った〝生産ストップ〟は、結果的に大きな効果をあげた。二輪車市場は安定し、オートバイで高収益をあげた本田技研は、次なる四輪車進出への大きな基盤を固めた。本田技研の成長の節々に、こうした思い切った決断が行われ、決断が実行されたあとで、理論ができ上がり、後ろ向きの決断を前向きに変えた実例がいくつもある。

本田技研は、本田宗一郎の生き甲斐でもある「三つの喜び」の原点を素直に受けとめる社風が築かれていたからこそ、後になって理屈をつける決断ができるのである。

たとえばつくって喜び……は、つくりすぎれば喜びにならない、ということだ。また売って喜び……は、輸出が多すぎて現地感情が悪くなれば、現地でつくればいい。買って喜び……は、アメリカで購買すれば、アメリカに喜ばれるなら、そうした体制をつくるべきだ、という単純な発想が可能になる。

大企業の経営は、こうした単純発想をすばやい決断に結びつけるのはきわめてむずかしいのである。本田技研流の小回りのきく経営が、実はこんな単純な思想に支えられているのは事実である。

本田宗一郎はホンダのディーラーのオヤジさんたちと、実になごやかに歓談した。オヤジさんたちも、本田宗一郎の〝売って喜ぶ〟思想が目に見えて分かるからだろう。

多くの自動車会社のトップは、努力してディーラーの社長たちを歓待する。しかし、本田宗一郎は、購買関係の下請け、部品納入業者たちとも、まったく同じ立場で喜びと悲しみを分かち合えた。それは、ホンダの中小企業的な体質としてのみ片づけるべきことではなかろう。

「世の中どんなに進んでも、労働というか、自分がつくるという意識、これを失ったらもう無味乾燥だな。やっぱり、どんな苦労してもいいけど、おれがやったという精神的充実感、それは自分が手を下したり、頭で考えたり、いろいろ自分が関与して苦労しないと分からない。

もし苦労なしにできたら、こんなばかみたいなの、何も喜びないね。うんと苦労してできたときの喜びというのは技術屋として充実感あふれると思うんですよ」

●つくる喜びのない〝技術屋社会〟の企業は没落する

本田宗一郎の〝世の中どんなに進んでも……〟という語録を前提として考えてみよう。各社の技術レベルが向上し、平準化した時代、つまり、管理が行き届いた技術、完全に組織化されてチームプレーを最大の役割とされた技術者社会――。こんな技術環境で技術者としての充実感はどこにあるのか。

今日の企業の技術部門の中では、でき上がった製品の中で技術者自らの手で完成させた部分は、ほんの少しという場合がとかく多くなる。またチームプレーのために、どこが自分の手でつくられたのかも不明瞭なケースも多い。

「そうなりゃ、技術屋ぐらいつまらねえものはないよ。仕事に責任感がなくなり、興味も薄れて、サラリーのために義務的にお茶を濁す。興味が出てくるのは〝出世〟だけということになるヤツもいる」

こんな〝技術屋社会〟になった企業は没落する、というのが本田宗一郎の持論である。

そこで本田技研は〝技術屋が出世を考えずに技術屋として生きられる世界〟を設立した。それが株式会社・本田技術研究所である。この研究所は、本田技研の売り上げに対して一定の比率で分け前を受け取る。それが本田技術研究所の総収入になる。本田技研が大きくなれば、技術研究所も豊かになる。

単なる研究所の独立というなら、本社がどうなろうと親方日の丸だが、本社の業績と連動するところがホンダイズムなのである。本社の業績を上げることは、そのまま自分たちの業績につながるわけだ。

自信のある製品を開発したのに、本社の営業、販売が思わしくなければ、当然、文句をつける。本社では研究所が自信を持っていても、消費者のニーズと合致しなければ売れるわけはない、こんな点を改良しろ、といい返す。そこで本田技研は活性化されるのだ。

さて技術者たちは、たとえ方法は〝百人の小エジソン方式〟の総合技術であっても、自分の持ち分の技術がうまくいかずに、製品が売れなければ、株式会社・本田技術研究所の一員として責任を感じる。が、その逆の場合の喜びは大きい。

埼玉県朝霞にある本田技術研究所の近くの飲み屋では、大成功！　大失敗！　という技術者が三十数年前から焼酎を飲んではカンカンガクガクの議論を行う。久米是志三代目社長も永らくカンカンガクガクのメンバーだった。ゆえに本社の社長になった後でも、久米は焼酎党を任じた。

「世の中、焼酎ブームになって、久米社長は運がいい。今じゃ、どんな偉い人も、上品な人も焼酎を飲むけど、久米の場合は、焼酎が今日のように、〝出世〟する前からの〝真性焼酎愛好者〟だからね。そういえば焼酎の出世と久米の出世は同じようなものだ」

これは本田技研のOB、久米の先輩の元役員の話だ。

ともあれ、株式会社・本田技術研究所の技術者たちは、良きにつけ、悪しきにつけ、技術屋の喜びと悲しみ、さまざまなかたちでの充実感を味わってきた。今後も味わい続けなければ、本田技研の発展はないはずだ。

「世の中じゃ桜の花は、花見の宴のためにあるようなものだろ。桜は酒を飲む大道具というのが常識だよな。だけど、この桜の花を絵にしようとすると、大変だぞ。どういう構造になっているのか、素人じゃ分からん。だけど一輪折ってつくづく眺めりゃ誰でも分かる。牛の角だって耳の前にあるのか、後ろにあるのか。即座に答えられりゃ専門家だよ。でも、その気になって牛を見てみろ。すぐに分からあ。こんなやさしいことを真面目にやるのも技術屋なんだ」

●鋭い、細かい観察から「生きた」技術が生まれる

本田宗一郎は日本画をよくする。ただし抽象的な技法はあまり用いない。彼の作品が公開されることは滅多にないが、毎年の年賀状には、その年の十二支の動物の絵が描かれていた。男性的な骨太なタッチ、ラインだというぐらいは、絵にまったく門外漢の私にも理解できる。

彼の絵の作品がまとまって公開されたのは、本田宗一郎自身の著作集である『私の手が語る』の出版パーティーだけだったように思う。この出版パーティーの発起人の一人に私も加わったが、およそ何のお役にも立たずに終わってしまった。というよりも和気アイアイのパーティーであって、あまりしかつめらしいことをする必要がなかったからだ。だが、会場の壁には彼の力作（？）が二十枚以上も展示されただろうか。どの絵も年賀状の絵と同様に力強いタッチが印象に残っている。

続いての印象は、どの絵も正確だということである。絵の構図も、題材を正面に据えて、がっちりと構成されているように思えた。鮎の写生が私の記憶に強く残った。それは私がいささか〝魚の生態〟に興味を持っているからかも知れないが、本田宗一郎の描く鮎の絵は、色彩も形も正確なものだった。そこには鋭い観察眼がうかがえる。

サケ科の魚に独特のアブラビレ、魚体の円みも上出来だ。できれば正確で力強い本田の鮎の絵をもらって自宅に飾りたいと思ったぐらいだった。

本田の絵は、やや無骨さを持ちながらも、奇妙に親しみを感じるのだ。正確さだけなら写真をとればすむ。本田の絵は曲線よりも直線に魅力を感じる。そんなところが、〝男性的〟な絵の感じになるのだろうか。少なくとも私には魅力的に思える本田宗一郎の日本画だが、本格的に日本画を習い始めた頃の本田宗一郎には、本田らしいエピソードが数多い。

「あるとき、俺がちょっとデフォルメして牛を描いたらカエルと間違えてほめたヤツがいたよ」

なんていう話は本田宗一郎からいつでも聞ける。しかし、本田の絵は技術屋らしい正確なデッサンが真骨頂なのである。彼は、ごく真面目な表情で私にこういったことがある。

「人間、その気にならなきゃ、バカバカしいほど簡単なことでも気づかねえんだナ。絵を描くようになって、初めて身の回りのものを正確に見るようになった。たとえば花でも動物でも魚、虫でも何気なく見ていたが、細かく見るとなるほどうまくできているとか、造化の妙をいたく感じたな。

これは技術の世界だって、商売だって同じことがいえる。

昔、偉い下駄屋のダンナがいて、下ばかり見て歩いている。デッチがなんでダンナは下ばかり見て往来を歩くのか、といったら、お前も今にそうなる、といわれたんだな。一生懸命に下駄屋をやればやるほど、人様のはいている下駄に眼がいってしまう。職業意識なんておおげさなものでなく、さりげなく永続的に観察できるようになることをいうんだよ。下駄屋のデッチじゃないけど、それが一人前になることだよ。

その長い観察から新しい技術が生まれてくるものだ」

画家にそれぞれ〝個性〟があるのは、その観察眼の違いなのだろう。カメラマンでもアングルや、光の使い方といったように、多くのポイントで個性が発揮されるという。もし個性がなければ、絵はたんなる図形にしかすぎなくなる。したがって本田はこういうのだ。

「いかに写真が進歩しても絵画が尊ばれるゆえんは、絵に描いた人の独自な見方――個性が盛られているからであります。個性の眼で見、個性によって感じられたものが描かれているからであります。技術にしても同様であります。個性の入らぬ技術は価値の低い乏しいものであります」

「オートバイにもやはり姿がある。自分の信念では、姿がよければ内容、すなわちエンジンの構造、機能が充実していると思う。実用価値を具備することは、商品学入門第一科目に過ぎない。実用価値の上

に、芸術的価値をあわせ備えたとき、初めて完全な商品となるのである。

この意味から、現代の卓越した技術者は、優れた技術者であると同時に秀でた芸術家でなければならない。科学者の知恵と芸術家の感覚とをあわせ持たなければならない」

●人間は万事、酒の味と同じである

「俺が一番大きな影響を受けた人といえば……やっぱり、榊原郁三ダンナだろう。若い時分の俺だから、ダンナのいう言葉は百パーセントは理解できなかったけど、妙に心に焼きつく〝お説教〟をされたから……」

本田宗一郎は故郷の浜松在二俣（光明村）の山東小学校を卒業すると、東京湯島にあった自動車修理工場のアート商会に奉公した。大正十一年の春のことである。

東京には文明の利器の自動車が走り回っていることを、科学少年の宗ちゃんは、鍛冶屋から自転車屋に転業した父・儀平が定期購読していた専門雑誌で知っていた。アート商会に勤めた本田宗一郎は、六年後には誰よりも腕利きの自動車修理工になっていた。年は二十歳そこそこだが、宗一郎青年は自信満々だった。

そこでアート商会のダンナの榊原郁三に独立を願い出る。榊原ダンナは年季明けを快く許し、郷里浜松で独立するさいに『アート商会浜松支店』の名称をくれた。したがって独立した宗ちゃんは支店長という肩書きになり、店員を一人置いた。若き宗一郎青年の腕のたしかさを示す話として、次なるエピソードがある。語るのは歌手の藤山一郎だ。

「私は本田さんの二歳年下だが同世代なんです。昭和四、五年頃、私はフランス製のルノーを手に入れた。たまたま仕事で浜松に行ったとき、ルノーがエンコしてしまった。東京に持って帰らなければ、とても修理できる者は浜松あたりにはいないと思っていたんです。ところが、若いが大変な腕の男が浜松にいると聞いた。それが本田さんだった。そして、みごとにルノーは動き出した。本田さんとはそれ以来のつき合いなんですよ」

歌好きの本田宗一郎の愛唱歌には、藤山一郎のものが多い。かなりの高音で〈丘を越えて行こよ……〉などを思ったより上手に歌いこなす背景には、こんなドラマがあったわけだ。

さて、この腕利きの修理工、本田宗一郎が独立するにあたって、榊原ダンナはいかなる説教を垂れたのか。

この説教はかなり強烈な影響を本田青年に与えた。

「人間は万事、酒の味と心得ろ！　アマ、カラ、ピンの味が出ないと一人前にならない。商品だって丸くて四角で三角のものがいいんだ。丸いだけでは飽きがくる。流線型のヤツはヒステリックだ。それから大切なことは恋愛だ。恋の経験のないヤツには良い商品、味のある商品、潤いのある商品はできねえんだぞ。

人間も商品も同じでコチコチのものはダメだ。なぜかっていうとな、恋愛すりゃ相手の女に美を求める心が湧くだろう。それが商品に柔らかい味をつくるんだ」

本田宗一郎ならずとも、いささか非科学的で、飛躍があって難解である。が、職人の親方らしい荒っぽい論理だが、不思議にいわんとすることは誰でも理解できる。ある意味では本田語録の原点のような気がしないでもない。

●大衆の意表をつけ！

芸術家と技術者の組合せ、しかも一人の人間の中に芸術家と技術者を同居させるのが、本田宗一郎の理想像なのである。

次なる本田の言葉は、すべてこの延長線上にある。

「一般に良い品を安くつくれば必ず売れて、事業も繁栄すると信じられているが、そうとは限らない。なぜなら石臼をいかに巧みに安くつくっても、現代の商品とはならない。つまり製作する品物が、その時代の大衆の生活に求められる内容と美的要素を持たなければならないのである。事業の根本は、まず時代の大衆の要求を知ることである」

「大衆は作家ではなく批評家なのである。作家である企業家が、自分でアイデアを考えずに、大衆にそれを求めたら、もう作家ではなくなるのである。大衆が双手を挙げて絶賛する商品というものは、大衆のまったく気のつかなかった楽しみを提供する、新しい内容のものでなければならない。大衆から求められるものは、すでに世にあるものの批評である。うっかりそれに頼ればすでに二番煎じである。それでは大衆はソッポを向く」

「デザインは目で見る交響曲でなければいけないと思う。それぞれのポジションの一つ一つを全体のバランスをくずさずに、デザイン化していかなければならない。といってバランスばかりを気にかけすぎると、個性のない八方美人的なデザインになってしまう。

不調和というものは調和に転化する一つの要素である。人間というものは、どこか抜けたところがないと面白くない。それを一つの魅力とか美しさにまで高めるのがデザインだと思う。しかも、実用性を完全に満たした上でのデザインが、本当のデザインだと思う」

「大衆の意表にでることが、発明、創意、つまりニューデザインだ。それを間違えて新しいものをつくるときにアンケートをとるから、たいてい総花式なものになる。他のメーカーの後ばかりを追うことになる」


「わが社のように、交通機関の製造に携わるものは、一つのビスの緩みが乗用車の生命に関係することを、常に念頭に置かねばならぬ。

世に過失傷害罪とか、過失致死罪という罪があるが、この罪のうち、交通機関の製造に従事する者の罪があげられないことが、私には不思議である。

交通事故の原因を厳重に調査するとき、運転する者の過失として処罰されているもののうち、製造する者の不注意に基くものが決して少なくないと思う」

●社会的責任を持てない企業人は去れ！

昭和四十七年、本田技研では軽乗用車のN360は〝走るカンオケ〟とさえ指摘された。のちに脅迫で逮捕されたユーザーユニオンなる団体から、この車を欠陥車として名指しされた本田技研では、経営上の一大事になった。

「欠陥車騒動のときはいく晩も寝つかれなかった。このまま本田技研は潰れるのじゃないか、という恐怖心が夜になると襲ってくる。

しかし、下落合（本田宗一郎のこと）は必死になって改良につとめていたけど、本当の気持ちは自信満々だったのだと思う。こと良心的な技術については、私は誰よりも下落合を信用、頼っていたからね。今考えてみれば悪夢のような経験だが、これで本田技研は逆に、人命を預かる交通機関を製造しているという責任感が社内にみなぎったと思う」

と当時、副社長の藤沢武夫は語った。

このN360事件では、私も雑誌『財界』の自動車担当記者として、サブを務めてくれた高木敏行（現経営評論家）とともにそのすべての詳細を取材した。

たしか『財界』誌のトップを飾った高木が書いた記事の書き出しは「それでも本田技研は潰れない……」というものだったと記憶している。すべての取材の結果、その結論を最初の書き出しに使ったのは、高木も初めての経験だった。ことの真相はともかくとして、私も高木も本田技研の人命を預かる自動車生産の責任感をそこにはっきりと見たからである。三菱自動車のリコールかくしなどは、本田宗一郎から見れば、考えられないことだったろう。

このあとで本田宗一郎は次のような激しい語録を公にした。

「我われは交通機関を扱っているかぎり、責任というものを絶対に持ってもらいたい。責任の持てないような人は、すぐ辞めてもらいたい。もし責任の持てない人がいたら、ぼくは指名して辞めてもらうかも知れない。それはなぜかといえば、交通機関というものは、人をあやめるからだ。我われはきず物を売ったら大変なことになってしまう。だから、あくまでも、この職業についたが最後、絶対に責任の所在を明らかにする」

●一パーセントの不合格品は、消費者には百パーセントの不合格品だ

そしてN360事件は一段落し、本田技研は大きな試練をくぐり抜けた。そこで本田宗一郎はコスト低減に優先して、次なる目標と努力を語録に加えたのである。

「わが社においては、完成品はもちろん部品に至るまで百二十パーセントの良品を目指して努力している。百二十パーセントの良品というと一応奇異に聞こえるであろうが、百パーセントの良品を納めることができないからである」

「九十九パーセントの合格といえば優秀な合格率と思われるであろうが、その一パーセントの不合格が製品となってお客様の手に渡った場合には、お客様に百パーセントの不合格品をお渡ししたことになるのである」

本田宗一郎は「終わりよければすべてよし」の言葉の意味を痛切に感じとったのだろう。たとえ〝結果主義〟といわれようと、「終わりよし」でなければ、その間の努力やら根性は何の意味も持たない、という残酷かつドライな現実を身に沁みて感じたはずだ。

そこで本田宗一郎は、人生観、処世術もそこに収れんさせるようになった。日常の生活の場では、なによりも〝情〟が大切だが、一つの仕事を完結するときには、完璧でなければならないという哲学、原理原則である。次の語録も、そういう彼の哲学を如実に語った

ものといえよう。

「飛行機っていうものは、太平洋を無事に飛んできても、成田の着陸でひっくりかえりゃおしまいなんだ。オレはもと飛行機屋だろ。『人生の着陸』だけは立派にやりたいと思ってるよ。飛行機乗りの鉄則は、終わりよければすべてよしだ」

④「創造的破壊」に挑戦せよ！

需要は「創造」するものである

「私は、やるなら一番乗りじゃなきゃいやだな」

●人真似だけは断じてやるな!

本田技研の社風は「一番乗り」思想にあふれている。アメリカへの工場進出は、たしかに日本の自動車産業で最初の試みだったし、オートバイの本格的輸出も一番乗りだった。多くの商品も、部分的に一番乗りという個所がいくつもある。要するに、何かが一番乗り、日本で最初、世界で最初といわれるものがないと、社内が納得しないのだ。

本田技研ではアイディア・コンテストなるフェスティバルが盛大に開かれていた。この略称アイコンと呼ばれる催しは、ホンダの全従業員の奇想天外なアイディアによる作品を集めて賞を決めるものだ。

なんの変哲もない四輪自動車が交通渋滞に会うと、タテに二つに分裂する。つまり二台の二輪車になってしまうのだ。渋滞を通りすぎると再び合体、四輪車に復元されて走行する。これをすべて走行中に行うのである。

こんな奇想天外のクルマは、もちろん実用車、生産車になるはずもないが、そのアイディアを実現させたのは、たしかに〝一番乗り〟といえる。

本田宗一郎は技術屋とすれば、きわめて負けん気の強いわがままな男だろう。人の真似だけは断じてやらない！　というのが本田宗一郎の〝本音中の本音〟なのである。たとえ他社の製品と似通ったものができ上がっても、それは結果論であって、開発思想、設計思想はまったく独自のものだ、というわけだ。

それだけに、いかなる製品も、どこかで他社をしのぐ技術水準をみせたものでなければいけないのである。

現在の大きな技術ターゲットである軽量化という問題も、本田技研では創立当初から自然発生した技術目標だった。当然、それはオートバイからはじまった。そしてプラスチック車体のジュノー号に結びつくが、これは前述のように本田技研の歴史的な失敗作になる。しかし、その後、モペットのホンダスーパーカブに、大幅にプラスチックを取り入れ、これは大成功した。

一番乗りは必ずしも成功と限らないことは、本田技研の技術開発史をひもとけば、おのずと明らかになるのだが、それでも本田は**「リスクを恐れずに一番乗りをめざせ!」**といいつづける。

四輪車の駆動に、オートバイなみにチェーンを使った発想は、結果的に失敗に終わったが、こんなクルマは世界の自動車メーカーの中で、おそらく本田技研だけだろう。

技術の世界でも、本田技研は自由奔放だった。それはスケールが小さかったから可能だったのかも知れない。そういえば昨今の本田技研の開発は、一番乗りよりも、安全確実なものが多くなったような気がするのは私だけだろうか。

が、本田宗一郎は次のような語録も残している。

「うちの特色は人真似しないことだ。おれは人の真似するの大嫌いなんだ。これはもう何としてでも自分で考えたものでなきゃ、ぼくは採用しなかったんだね。だから、そういう

癖がついてんじゃないかな。よその真似はしない、おれはおれでやる、どんな苦労してもやるんだというのが、今の若い連中の根性に残っていると思うんです」

「需要がそこにあるのではない。われわれがそこに需要をつくりだすのだ」

●片手で運転できるオートバイをつくれ！

本田宗一郎の語録の中で、これがいちばん有名なものだ。

本田技研のスタートは〝ポンポン〟と呼ばれるA型自転車補助エンジンの発売である。さらに昭和二十七年、自転車の後輪に赤いエンジンをつけ、白い円型の可愛らしいガソリンタンクを付属させた〝カブF型〟を発売した。

この〝カブ号〟とともに、昭和二十四年から販売した本格的なオートバイの〝ドリーム号〟で本田技研は成長していく。

昭和二十八年、〝銀線ドリーム〟と呼ばれたドリーム6E、そして許可制の一二五ccのバイク、ベンリー号が好調に売れた。その勢いを駆って昭和二十九年にスクーターのジュノー号を発表したのである。

この頃の本田技研はまことに日の出の勢いだった。なにせ宿敵のライバルを次々と抜き去り、トップメーカーの地位を不動にしたのだ。四十数社でしのぎを削ったオートバイ業界の地図は、はっきりと寡占化してくるのである。

三十年代に入るとライラックが落ち、キャブトンやライナーも脱落した。目黒製作所も陸王も姿を消す。最大のライバルのトーハツの東京発動機が敗退する。

この中で昭和三十年にヤマハ発動機が設立された。一七五cc二サイクルエンジンのヤマハのバイクは好調に売れた。後年のHY戦争の序曲である。

三十年代はホンダ、ヤマハ、スズキ、カワサキ（メグロ）のほぼ四社体制が確立するが、鈴木自動車ははやくも軽四輪車のスズライトを発売して、本格的自動車メーカーを目指す意欲をみせていた。

本田技研が四輪車を発売したのは、鈴木自動車に遅れること八年後の昭和三十八年だった。本田技研の最初の自動車は、小型スポーツカーのS500になる。

さて、本田宗一郎の最も有名な語録である、〝**需要がそこにあるのではない。われわれがそこに需要をつくりだすのだ**〟は、こうしたオートバイ戦争がたけなわの二十年代につくられたが、有名になったのは昭和三十五年、画期的なセル付五〇ccのバイク、スーパーカブC72の発売時である。

このスーパーカブはたちまちベストセラーになり、モペットブームを引き起こした。亡くなった三菱銀行の田実渉（頭取、会長を歴任）が私にこういったことがある。

「片手で運転できる小型のオートバイ、という触れこみだが、そんなの売れるかい、と私は本田さんに聞いたことがある。そうしたら、需要をつくりだすから大丈夫というんだよ。それからしばらくしたら、街でソバ屋やすし屋の出前が片手運転でスーパーカブを使っているんだ」

いうまでもなく三菱銀行は本田技研のメインバンクである。国民や国家の需要があるから製品をつくる三菱グループには、本田流の需要創造主義はずいぶん危なっかしく思えただろう。

しかし、本田宗一郎の言葉がたんに大言壮語のたぐいでないことは、三菱銀行では知り抜いている。スーパーカブはブームを起こし、井関農機や山口自転車などがモペットに参入したが、いずれも破れ、経営危機に陥った。

本田技研はこのスーパーカブで、完全に経営の基盤を確立したのである。

「いつも他人ばかり頼っていて、自主性というのがなくなった企業は、これからほろびる企業だということを申し上げたい。

一番大切なのは何か。これからは、創造性によって、いつでも主導権を握れる技術を養成することが一番大切なことなのだ。

今、日本では企業の合併などで外資に対抗しようという動きがあるが、真に恐ろしいのは資本力ではなく、海外の独創性ある品物がきた

ときに、日本がイミテーションであることだ」

●自主性と創造性こそが真の「企業力」となる

本田技研で本田宗一郎が築き上げたユニークな社風の中でも、自主性と創造性は〝世界のホンダ〟の大きな特色になっている。その具体的な例をみてみよう。

本田技研の福利厚生の制度、施設の建設などはほとんど従業員の自主性にまかせている。まだ本田技研が町工場に毛の生えた程度の企業だった昭和二十年代、その頃は社宅の建設が企業に大流行した。ところが本田技研はそれに熱心ではなかった。なぜなのか。

従業員に〝持ち家〟をすすめていたからだ。昭和三十年にまだ中小企業の域を出なかった本田技研で、はやくも〝住宅共済会制度〟が自主的につくられた。独身寮をのぞいて、ホンダに社宅がまったくないのは、こうした従業員の自主性から生まれた〝持ち家思想〟が強かったからである。

それに本来は会社が主催する記念行事にしても、従業員の自主性にまかせられることが多いのもホンダの特長といえる。〝会社創立記念日〟の催しも従業員の自主運営が中心になる。

昭和三十八年、全従業員の手による本田技研の創立十五周年の記念行事は語り草になっている。

本田技研には社内だけで通用する〝ホンダ語〟がある。そのホンダ語によると、創立十五周年記念行事は、たんなる〝創十五〟となる。この創十五の行事の企画、推進のアイディアを全社から募集したのである。

約四百五十件の集まった企画の中から、浜松製作所第一機械課グループ二百七十二名による『模擬国際都市・京都の夜』が採用された。そこで会社側は〝創十五委員会〟に一億円を寄付。かくして日本の株式会社のなかでも史上最大のマンモス社内旅行が実現した。

この常識はずれのマンモス社内旅行にマスコミが目をつけないはずはない。『一億円のバカンス旅行』やら『京都の夜を買い切ったホンダ』『日本最大の社内旅行』といったタイトルで、その詳細を伝えた。

それから十年が過ぎる。昭和四十八年の〝創二十五〟も同様に従業員の手で記念行事が行われた。

〝創二十五〟の目玉は、前述したようにこのときからはじまったオールホンダのアイディア・コンテストだろう。〝アイコン〟と呼ばれる大会は、それこそ珍奇、奇想天外な〝発明品〟がどっと出てきた。

そして昭和五十八年の〝創三十五〟になる。

この創三十五にマッチさせるように、河島喜好社長がリタイアして、久米是志新社長が登場した。そういえば河島が社長になったのは〝創二十五〟の年である。

さて、その創三十五はどのように行われたか。詳細はここでは省くが、まず第一は鈴鹿サーキットで行われた〝夜の祭り〟がハイライトになる。新、旧社長の従業員による胴上げという、一流企業では珍しい光景をみせた。また、ホンダ名物になった例の〝アイコン〟を全世界に拡大した。

従業員の創三十五記念行事実行委員会では、行事の会場の鈴鹿サーキットをドリーム国と名付けた。したがって経営陣、役員は招待されるかたちになる。

招待された役員は〝国賓〟と大ゲサに呼ばれた。最高の国賓の一人として招待を受けた本田宗一郎は、よほど嬉しかったのだろう。強い雨の降る会場で大はしゃぎだった。

そして行事のフィナーレの挨拶を行ったが、本田宗一郎の人間性が、このスピーチにあますことなく現れているので、再録しておく。『創三十五・おやじさんからのメッセージ』と呼ばれるものである。

「こんちは、おめでとうございます。

早いもので、まだ頭がそうはげていないと思っているうちに、こうなっちゃって、三十五年だと……。振り返ってみればこの頭がはげる訳だということがつくづくわかってきた。気だけ若くて頭がはげてる……。（笑い、拍手）

今日一番うれしかったことは、みなさんが本当になんていうか、自分のアイディアで、そしてあらゆる力を出してやってくださったということ、そしていかに世の中に貢献したかということ、それから皆さんの努力によって、この会場にりっぱな世界の人たちが来て下さったということ、これは何としても私たちが夢にも見たこともないような、今までで初めての夢でございます。

こうやってつねってみても、何だかこれ、人の指だというような感じを残すわけです。これも、これも皆さんの努力である。私がどなってばかりいた間にこんなにみんな立派になったかと、どなりがいがあったなあーという感じが……。（笑い、拍手）

もう一つ、ここでお礼を熱く申し上げなきゃならんことは、この町なり、この地域の皆様が本当に我々に対して陰日向なく盛りあげてくださったことです。

だいたい興奮するとマイクが遠くなる。その位うれしい日です。おそらく私が生涯のうちで、夢にも見なかったことです。こんなになるなんてとんでもないことで、これは、だれを見ても知っている人でありながら、よその人のような感じがある。まさしく昔でいえば、キツネにつままれたということで、そうすると、皆さんたちはキツネみたいな人たちだな。そういう風な意味で、これから新社長を迎えるわけだが、旧社長の河島もいい加減であったが私もいい加減にやって来た。いい加減なのが、うちの社長になることになっているのだから、社員がそこでしっかりしてもらわないと危なっかしくてしようがないから、久米をひとつよろしくお願いします。

皆様のご幸福をお祈り申し上げます。ありがとう。（大拍手）」


「どんな仕事でも、その中にひそむ発明発見の要素や、発展改善の要素は無限であるはずだ。エンジンの設計であろうと、ボディの造型であろうと、組み立てのラインであろうと、そこにひそんでいる仕事のテーマは同じである。

つまり、今日より明日、明日からまたその先の未来へと進んでいく可能性の追求である。

仕事は、つねに新しくなければならぬし、どんな仕事でも新しい目で取り組むことができるものである」

●〝火事場のクソ力〟をいかに結集するか

住友銀行の磯田一郎元会長は次のような持説を持っていた。

「企業というものは不思議なエネルギーを持っているものです。業績がドン底だったり、危機に見舞われたりすると、そこで普段はみられなかった〝火事場のクソ力〟のようなものが出てくる。

この〝クソ力〟をどのように結集して戦略をたてるかが経営者の力量ということになるのではないか。ところが経営が好調のときは、とかく戦略は消極的なものになる」

一種の磯田流の〝企業生理学〟だが、磯田はこの生理学を応用して、住友銀行の屋台骨をゆるがした安宅産業問題などの難問を片付けてきた。

本田宗一郎は、この企業の〝クソ力〟を慢性的、日常的に発揮させようとしてきた。磯田が危機感や業績不振をテコとして、クソ力を結集させたのに対し、本田宗一郎は技術屋の、新しいものに取り組み、完成させる喜びをテコにしようとしたのである。

伝統のある住友銀行と新興の本田技研では、もちろん企業生理も企業文化も違う。したがって新興の本田技研では、たえず〝クソ力〟を出さなければ、奇跡の成長は不可能だったからである。だが、磯田は晩年、権力に執着したために、晩節を汚し、失脚を余儀なくされた。

仕事はつねに新しくなければならぬし、どんな仕事でも新しい目で取り組むことができるものである、という本田宗一郎の主張は、本田技研の今や明確な企業意識として定着している。それが本田技研の〝若さ〟ということになるのだ。

「あるシンポジウムに出席して、学者がたの討論をきき感動したことがある。彼らの探求心は、実に幼稚園児のように素朴で、どん欲なのである。例として適当ではないが『朝どうして起きるの?』『どうして顔を洗うの?』と、誰しもが常識として疑わないことから、疑い、分解し、破壊していくのだ。

　この思考のすすめ方、発想の展開の過程で、新しい真理の発見があり、学問の進歩が生まれるのである。つまり『創造的破壊の発想』である」

●「不常識を非まじめに」考えよ

本田宗一郎は飛躍の条件として〝創造的破壊〟の発想を重視する。破壊のための破壊は不毛だが、まず常識を根本から疑ってかかる発想は、発明、発見の母だというわけだ。

他の章でも述べたが、新しい目でみるという考え方も〝創造的破壊の発想〟の延長線上にある。本田宗一郎の一番弟子ともいうべき河島喜好二代目社長は、本田のこの発想を忠実に受け継いで、社長在任中の十年間で本田技研を大いに飛躍させた。

河島が社長の座を三代目の久米是志に譲る直前、次のように社内で講演した。

「……大変おもしろい言葉に〝不常識を非まじめに考えろ〟というのがあります。東工大の森先生のお言葉ですが、ホンダの今までやってきたことを、うまい言葉で表わしていただいているな、と思っています。

これは〝常識をまじめに考えていても、何も生まれませんよ〟ということで、非まじめは、不まじめと混同されやすいのですが、一点だけ凝視し、頭から湯気を立てているまじめさでもなく、勿論、ぐうたらな不まじめでもありません。ピンチに際しても余裕を持ち、知恵と勇気と努力でもって、いろいろな見方、考え方をする姿勢……これを非まじめと表現しております。

皆さんも、ジェット旅客機に乗って、悪天候の中を飛んだ経験をお持ちでしょう。窓から見ると主翼が、はげしくゆれて、しなるのが見えます。皆さんは『羽がもぎとられそうだ』と思いますか。それとも『羽から自分の乗っている胴体が落っこちそうだ』と考えますか。サークル活動も、一人一人は一つの見方、考え方であっても、グループとしては、いろいろな見方、考え方ができるところに大変な良さがあります。

最近、他社にも〝さすがはホンダの商品〟と称賛を受けたシティは、この『不常識を非まじめに考えた』端的な例ではないかと思います。シティを開発するにあたり、技術者の中でも最も若い連中に思いきってやってもらおうということで、二十代を中心とした開発メンバーに〝自由な発想で自分達が欲しくなるようなクルマをつくってみろ〟とまかせたものです。

従来の車が既成のバランス概念、即ち常識にとらわれたものを、〝本当に現在の社会で合理的な形、デザインは何か……〟と考えた訳です。最小の表面積で最大の容積のとれるのは、どんなデザインがいいのかと追求していったとき、あの背高ノッポのトールボーイデザインが生まれたというものです。

もちろん、私なんかが口をはさむと、『お年を召した方にはお分かりにならないはずですが』というようなことをいいながら、随分と勝手につくってくれたものです。でも、そうしたまじめ一辺倒でない物の考え方が市場で受け入れられ大きな需要を創造したと思います。

世の中、八十年代は不透明時代とかいわれ、物事を杓子定規ではかれない、いわば教科書がない即ち常識がない、常識だけでは通用しない、という状態の中で、物事を考えるのには、やはりその様なまじめ一辺倒ではない考え方をしないと、行動に移せるような対応策がでてこないように思います」

このように河島はさすがに本田宗一郎の一番弟子らしいみごとなホンダイズムを展開したのである。それから二十年後、本田技研を大きく飛躍させたRV車「オデッセイ」の開発も、まったくシティ開発と同じ経過をたどった。二十代の若手中心の開発だったからだ。そのキーワードも〝不常識非まじめ〟だったのである。

●「やるといったらどこまでも」的根性論は間違ってる！

河島喜好は浜松高等工業（現静岡大学工学部）を卒業した年に本田技研に入社した。入社したというよりも、本田宗一郎のもとに転がり込んだといったほうが適当だろう。それでも大学新卒者採用の第一号ということになる。

ただし入社試験は、仕事場につながる座敷のコタツの中で、ドテラを引っかけたオヤジの本田宗一郎と一対一で行われた。大きな目をぐりぐりさせる河島喜好の話をざっと聞いたのち、本田宗一郎は「それじゃ、明日から来いや。もう卒業間近だから学校のほうはボチボチでいいんだろう」ということで河島喜好は〝合格〟した。

キーちゃんとよばれた河島は、天才・本田宗一郎と徹夜、徹夜の研究をいつも手伝った。ときにはなぐられ、ののしられて河島は成長していく。本田家の家庭教師をつとめたり、キーちゃんの青春は忙しかった。

設計課長になったキーちゃんは恋愛する。情熱的なオヤジの本田宗一郎をそっくり見習ったのか、ヤマハの日本楽器につとめる恋人に会うため、退社時の日本楽器の正門で待つ河島の姿をよく見た、と証言する人が今でも浜松にいる。そして面白いことに恋人の直接の上司は二人兄弟の河島の弟だったのである。

この弟はのちに日本楽器の社長になった河島博だ。兄の河島は弟の部下の恋人と結婚する。照子夫人である。ともあれキーちゃんは出世する。というよりは本田技研そのものが、ぐんぐんと出世したのである。

河島は「本田技研は創業時から中身は変わっていない。ただ大きくなっただけ。ホンダイズムは間違いなく継承されていきますよ」と今でも自信マンマンに語る。

つまり、ホンダイズムの原点である『創造的破壊の発想』は不変だというわけだ。本田宗一郎はふとこんなことをいう。

「学者っていうのは、幼稚園の園児みたいなもんだ。あたりまえなことを、どうして？どうしてって聞くんだ。それで、ハッと気づいたよ。常識ってのは、人間が考えたことだ。それを疑って、打ち破っていくのが進歩なんだね」

また〝創造的破壊〟をただがむしゃらにやるというのも困るという。それが〝根性〟と誤解されると意味がなくなるからだ。そこで本田宗一郎は〝根性〟についてこう述べる。

「日本人の〝根性〟という意味の理解は、浪花節的な根性と解釈しているんじゃないかな。混同してるんだ。〝根性〟というのは、科学的な理論の上に成り立っているんだよ。どうしてもこうなるんだという一つの目的があり、それに向かって、全身全霊を注ぐというところに〝根性〟を持ちたい。観念的なものじゃないんだ。やるといったらどこまでやるぞ……というのは根性じゃない」

本田流経営術の原点とは何か

「経営というものは、ただ儲けることにだけ専念すればよいかというと、そうではなくて、もっと大切なことは、次の時代のためにどんな備えをしておくかということなんだ。それで初めて、経営の良し悪しが決まってくるのだと思う」

●名経営者は次代への「備え」を忘れない

次の時代への布石というものには、勇気が必要だ。誰でも社長在任中に大きな功績をあげたいものである。たとえば考えていたことをやり遂げて、立派な業績をあげて〝男の花道〟を飾る。鮮やかに引退して後継社長にバトンタッチする。まさに文句のつけようのない出処進退といえるだろう。

こうした鮮やかな引き際をみせた経営者は高く評価される。ますます前社長は名社長として光り輝いてみえる。

本田技研では本田宗一郎、藤沢武夫という〝創業コンビ〟から、昭和四十八年九月、経営のバトンは新社長に就任した河島喜好を中心として西田通弘、川島喜八郎のトリオに引き継がれた。

創業二十五周年というタイミングだったが、おりから世の中はオイルショックに見舞われ、創業コンビの二人にとって、男の花道を飾るには、あまりいい環境とはいえなかった。

しかし、本田、藤沢にとっては、そんなことはどうでもよかった。創業二十五周年の、四分の一世紀という区切りで、完全に退任するのは予定の行動であり、次の時代に備えるために絶対に必要だと信じていたからだ。ともに〝最高顧問〟という称号をおくられたが、以後は経営に口出ししない、という完全引退だった。

また新経営トリオも、三年ほど前から事実上の経営権を創業コンビから譲られて、完全な試運転を終えたのちだった。さらにこのトリオも、次の時代に備える暫定的な形態というのも面白い。新社長の河島喜好よりも年長者の西田通弘、川島喜八郎の両副社長は、河島体制が確立するまでの補佐の役割がはっきりしていたことだ。

つまり、川島喜八郎が河島体制になってから三年後に相談役になり、西田通弘も五年後に同じく相談役に退いた。そして河島体制は確立するが、CVCCエンジンを搭載した乗用車シビックの好調ぶりなどから、本田、藤沢コンビに劣らず河島喜好社長も輝いてみえたのである。

●〝リレー経営〟の上手下手が企業の命運を決める

この河島のゴールは、本田、藤沢の創業二十五周年引退と同様に、社長就任十年目の昭和五十八年九月に定められる。創業三十五周年である。

河島も社長退任のほぼ三年前から後継者に久米是志を密かに内定して、技術屋の久米に帝王学の教育をする。もっとも本田流の教育とは手とり足とりということではない。社長として必要なすべての部門を理解するため、その現場につかせるのである。久米は四輪車の営業部門も担当した。

こうした〝現場〟を久米は三年間歩いて、自ら帝王学を体得していったのだ。次の時代に備えて河島は完璧な布陣を築き上げた。

かつて河島が社長に就任したときは、そのスタートは西田、川島の年長者を含めたトリオだった。しかし、河島時代の十年間で本田技研は大きく成長した。

そこで久米体制のスタートは複雑になった。久米よりも年長者で、河島とともに退任を覚悟していた杉浦英男副社長を会長に据えた。そして吉沢幸一郎専務を副社長に引き上げて久米とコンビを組ませた。さらに篠宮茂、田村昇副社長を配した。河島のスタート時がトリオなら、久米のスタート時はカルテットということになろうか。

しかし、久米体制が確立していくと、会長の杉浦英男らはリタイアして、久米のワンマン体制になる。そして昭和六十八年の創業四十五周年には久米もゴールに入り、新しい川本信彦四代目社長の誕生ということになった。そして七〜十年間がホンダの社長任期になる。次には五代目の吉野浩行が二十一世紀のホンダをリードする。これほど完璧に次の時代に経営をリレーする方式は、ホンダ以外はめったにない。

日本郵船、日立製作所が数少ないホンダ式の〝社長十年〟の企業だった。ともかく本田技研のリレー経営は、本田技研の〝飛躍〟の源泉でもある。

「よく一緒に事業をやると家族ぐるみで交際したほうがいい、というが俺は反対だ。

事業と家庭は別の次元じゃねえか。そんなことをしていると、やがて派閥ができたり、茶坊主が生まれる。茶坊主がいるような会社は倒産する。

銀行なんか担保ばかり気にしないで、そういうところを見なきゃダメだ。家族ぐるみで交際しない伝統は本田技研でこれからも長く残ると思うよ」

●仕事と私生活を完全に分離

本田技研のいちじるしい特長、社風、企業文化は徹底的にプライバシー尊重ということだ。したがって会社を離れてから、社員同士、役員同士が家族ぐるみの交際をするという例はあまりない。

とくに地位が上がるにつれて、仕事と家庭を切り離して行動するようになる。現在の本田技研の役員同士が、家族ぐるみで交際しているような例はまったくないのである。

それに家族的な中小企業時代も創業時をのぞいて、過去に本田技研の役員が家族ぐるみで交際していた、という話はきかない。だから役員同士のお中元、お歳暮などの慣習はまったくないのである。本田宗一郎と藤沢武夫の創業コンビにしてもそうだ。

「下落合のオヤジの家には新築のときと、何かのついでに十分ぐらい寄ったときと、二回ぐらいしか記憶にないな。私は無理してオヤジの家に行かなかったわけじゃない。行きたきゃ行きゃあいいんです。ただ必要もないのにベタベタすることたあねえんですよ。

オヤジのほうもこの二十年間に二、三回きたかな。素直に相手の家族とつき合いたいならそれでいいでしょうが、とかく同じ会社に勤めていると素直になれないのが人間じゃないですか。かりに亭主が素直でも、女房が競争心を持ったり、また女房が素直でも亭主に計算が働いたりね。そんなことから必要以上につき合うことはないですよ。

しかし、会社はお互いに仕事をやるという〝約束〟で成り立ち、仕事をするから給料を貰う。そのために会社での人間のつき合いは絶対に必要ですからね。このあたり日本人はあいまいなんですね」

藤沢武夫ははっきりといってのけた。

「だけど、あんまり可愛げのないことをいっちゃいけないよ。要するにほどほどということじゃねえかな」

藤沢はつき合い術なんて人に聞くような事柄じゃない、といわんばかりの顔をした。

●株式会社は「自分の会社」ではない

たしかに会社と家庭は別という合理性を、経営の〝安全弁〟にする本田技研流の経営は、決してたやすいことではない。

合理性が強く出すぎると、会社は個人の欲望のたんなる対象にすぎなくなる。そうなると出世競争、派閥争いがでてくる。そこでたえず〝情〟と〝合理性〟のバランスをとり、微調整が必要になってくる。

そこで本田宗一郎はこんな〝原則論〟を説くのだ。

「私が何より嫌いなのは、人間に階級をつけることなんだ。だから、うちに本当の意味の肩書きも、何にもない。

うちは、私を含めて、全員が社員なんだ。工員とか何とか、身分の相違は一つもない。みんなが同じ社員だよ。仕事によって給料の差はあるが、権利は一緒だ」

役員構成も従業員も、本田技研では他の大企業のように年次、年齢によってピラミッド型になってない。本田技研に肩書きが何もない、というのは、事実と異なるが、本田宗一郎のいう〝真意〟は、本田技研では肩書きはそれほど決定的なものではない、ということだ。

組織の責任体制という意味の肩書きであって、実際は〝下克上〟〝突き上げ〟が日常茶飯事的に行われているということなのだ。

面白いのは本田技研では、肩書きで人を呼ばないで〝サン付け〟で呼ぶほうが多い。このサン付け運動は、自然と芽生えたものだが、専務と課長も互いに〝サン付け〟で呼び合っているような光景は珍しくない。

つまり、本田宗一郎の〝……仕事によって給料の差はあるが権利は一緒だ〟の言葉の実践と見られないでもない。したがって本田宗一郎のいう〝本田家〟と〝本田技研〟の関係はすんなりと社内の支持を受ける。

「株式会社である限りは、他人の資本を使っているんだから、自分の会社ではない。まして本田家の会社でもない。大衆の株を預かっとって、本田一家で管理するなんてことは、ごめんこうむりたいな」

会社私物化が絶対にできない仕組みを考えだした本田、藤沢コンビは、自分たちの子供たちも、容易に本田技研に入社できないように、まったく一般の入社希望者と同じ扱いにすることにしている。

事実、本田技研の役員、旧役員の子息が入社している例はほとんどない。もちろん、本田、藤沢はじめ、主要な役員経験者の子弟のホンダ入社は皆無である。

徹底した合理性は、逆に〝情〟を生みやすい。ただし、それは〝私情〟ではなく〝公情〟といったタグイになる。会社は全従業員のものであり、その家族のものだ、ということだ。そこで全従業員はユーザー、社会、株主に責任を持って行動するという論理につながる。

「実をいうと、私は欧米人も発音しやすいホンダという会社名は悪くないなと長い間考え

ていた。ところが、最近になって、オレはなぜ本田技研なんてつけちまったんだろうと反省しはじめている。人々はそこから本田家をイメージしがちだからだ。できれば社名を変えたいとも思っている。

世界中がみんなしてお互いに助け合って繁栄していかなければならない時代に本田家もヘチマもない。

そこにあるのは何々家代表者の義務ではなく、会社を代表する経営者の義務なのだ」

この本田宗一郎の思想が、本田技研の経営の憲法であり、飛躍の基盤なのである。

⑤「遊びをせんとや生まれけん！」

「時」をかせげ！

「能率とは、プライベートの生活をエンジョイするために時間を酷使することである。能率は、現代において人間的な生活を営むための必須条件であって、この能率の要素として私は次の三つを挙げる。

一、タイム

二、マネー

三、プライド」

●時間に勝てれば敵にも勝てる

人はなぜ生まれてきたのか。そして人を支配する時間というものは、いずこより来たりて、いずこに行くか。

こんな哲学的、文学的テーマがビジネスマンや経営者にどうしても必要なものとは思えないが、もう少し具体的に本田宗一郎流につきつめると、ホンダイズムにつながってくる。つまり能率である。

ある意味で本田宗一郎は結果主義であると前にも書いた。いかに努力した仕事でも、最後の一パーセントに失敗すれば、それは結果として最低である。

工夫もなしに努力したところで、本田宗一郎は評価しない。ただひたすら根性によって肉体的に努力する。そして成功しても本田は高い評価を与えないのである。それよりも能率よく、集中力を発揮して物事を成功させたとき、本田宗一郎は手放しで絶賛する。

その結果、生まれてきた時間をプライベートな生活をエンジョイするために使う人間が、本田のいう人間らしい〝男〟であり〝女〟なのである。

この能率と集中力を発揮するにはどうするか。それには工夫とファイトが必要である。この工夫とファイトを持ち続ける人間が誇り、プライドを有するということになる。

さらに厳しい時間の観念が能率を発揮する。タイムを切り離して能率は成立しないからだ。そして能率を発揮するには素手ではダメである。充分に機械類を使用する。それにはある程度のカネがかかる。しかし大金をかけて、それに見合う能率が上がらなければ、これはいうまでもなく失敗である。

第二次大戦中、後半の日本が敗戦に追い込まれた最大の原因は、日本軍の能率の悪さだった。ねじ曲がったプライドはあったにせよ、タイムとマネーの二要素は欠落していた。日本軍はよくアメリカ軍の物量に物いわせた攻撃を批判したものの、精神力だけでは能率は上がらない。

この〝能率〟こそが人間に豊かさを約束する、と本田宗一郎がいうのはもっともである。〝能率〟とは、あくまでもタイム、時間との掛け算なのだ。そこでホンダイズムは、時間との勝負、スピードの経営ということになるのだ。

「発明なんていうものは『人より早くやる』のが基本でしょう。一秒でも早く発明すれば勝つんです。結局、相手に負けまいと思う、形を変えた一つの戦争なんです。だから目標に向かって、ただひたすらガムシャラにやるよりしようがない」

「時間というものをいかにかせいだかが問題である。どんな技術があっても、時間をかせいでいなければ駄目なので、これは証文の出し遅れと同じことだ。『あんなことは俺にだってできる』といっても、結局は早いもの勝ちということになる」

●時間的な資産が人間の生活を豊かにする

情報化社会での競争の決め手は何か。それはスピードというものである。

本田宗一郎は四十年以上も前から、カネをかせぐよりも時間をかせげ！　を持論としていた。ただ、この本田の持論は、本田宗一郎が来たるべき情報化社会の到来を予見して、構築した論理でないことは明らかだ。

さすがの本田宗一郎も、これほど早く一昔前のＳＦワールドが現実化するとは思っていなかっただろうし、物理学の単位のスピードが、経済社会の重大な決め手になるとは考えられなかったはずだ。

しかし、本田宗一郎は積み重ねた経験の中から、次のように〝時間〟〝スピード〟をとらえたのである。

「もはや現代人は距離を論ずべきでなく、時間を論ずべきでありましょう。スピードは我われの本能であるとともに、必然的に時間的資産を生みだす結果となり、スピード化されただけ人生を豊富にしているのであります。

人生わずか五十年といわれますが、スピード化され、それを利用することにより、我われの人生は八十年にも百年にも匹敵することになります」

この本田宗一郎の語録は、情報化社会の到来が現実となって、がぜん輝きを増してきたと思うのは私だけではあるまい。そこに本田宗一郎の天性の勘のよさ、本能的な未来社会への洞察力を感じとることができる。

スピードとはアインシュタインの相対性原理からいえば、光のスピード、秒速三十万キロの速度が絶対速度とされる。

あらゆるスピードはその対象によって相対的に決定する。たとえば、我われが寝ているとき、スピードはゼロと思いがちだが、実は地球の自転の速度を持っているのである。その地球は太陽に対して秒速四百キロメートルで一周する。それが三百六十五日であって一年になる。つまりスピードは、あらゆるものの相対的関係で決まる、というのである。

しかし、光だけは別格である。どんなものに対しても光の秒速三十万キロは不変であり、この光速を抜くスピードは現在の科学では想像も不可能とされる。

ところが、人類はこの絶対速度を持つ光速、そのスピード、波長を通信に利用する時代に入ってきた。つまり絶対速度を利用するほどの人類なら、相対的に決まる他のもののスピードについては、想像以上にスピードアップできるはずだ、というのが技術者たちの夢であり、使命なのである。

本田宗一郎はこんな点に本能的といえるほど鋭い勘を持ち、実際の現場に応用しようとしてきた。

「織物にたとえれば、技術は縦糸であり、時間という横糸を織り込んで初めて品物（織物）となる。これを早く仕上げるには、横糸のシャットルのスピードを増す以外に何物もないし、横糸のスピードを正確に増すことを究明することによって、初めて自分のものとなるのである。

アイディアと時間は絶対的なもので切り離すことはできないのだ。縦糸だけでも、横糸だけでも、織物にはならない。切れたらすぐにつないで前のスケジュールどおりに戻したり、また、糸が悪ければもっと丈夫な糸に取り換えることが必要だ」

●〝経験〟は人生の排気ガスか？

本田技研という企業の、雑草のようなしぶとさ、強さはこんな本田宗一郎の思想によって支えられてきたといってもいい。しかし、本田技研が巨大化するにつれ、残念ながら末端まで〝良きホンダイズム〟の真髄が伝わりにくくなってきている。

ある意味で今後の本田技研にとっては、ホンダイズムの系統的な整理、さらに思想の整合性をすすめることが必要になる。改めてホンダマンは勉強しなおす態度が必要になるだろう。

それでなければホンダイズムの基本的な発想を理解できるのは、ごく一部の社員にかぎられてしまう危険性がある。そうなると次の本田宗一郎の言葉は、表面的に受けとられ、たんなる過去蔑視ということにもなってしまう。それはホンダイズムを殺すことになりかねないのだ。

「過去というものは何かといえば、理論のない雑多な経験だけが混ざり合った、人生の排気ガスである。どんどん捨て去らなければならない。これをいつまでも抱えていれば、人生はすぐ老化して、生活のモーションがストップしてしまう」

我われは、本田技研についての企業イメージを問われれば〝若さとスピード〟を連想する。

この〝スピード〟こそ、本田技研の経営の根本であり、基盤なのである。そこで本田宗一郎の〝スピード哲学〟についての他の語録を紹介しておこう。

「多くの人は事業の要素を、資本、労働、経営の三者に求めるが、今一つ重要なファクター、すなわち時間のあることを見落としている。

どのように優れた工夫や発明でも、必要なときに提供できなければ何らの価値もない。『六日のあやめ、十日の菊』は商品価値はゼロである」

「限られた時間内に、自分の要求をどれだけかなえさせられるかが人生の目標ですから、スピードが大切ですよ。そう考えると、この世の中は金よりも時間のほうがずっと大切ですね。

いくら金をたくさん持っていると威張ってみても、約束した時間内に相手に払わなきゃ、金がないのと同じことでしょう。使い方が悪けりゃ、持ってないのと一緒です」

「現在のように、過去における十年、二十年の進歩を、一年とか半年に縮めて行う時代においては、事業経営の根本は、資本力よりも事業経営のアイディアにある。

時代に魁《さきが》けるアイディアが経営を繁栄に導くのである。よいアイディアがなければ、いかに金貨の袋を抱いていても、時代のバスに乗り遅れて敗残者となるのである」

「レースというのは、技術のバランス、進歩を競うメーカーの戦争の場でしてね。強いヤツは必ず勝ち、将来世界のマーケットを獲得するという、いわばお墨つきをもらうところなんだ。ですから、これはもうなんたって勝たなきゃだめですよ」

人間関係をどこまで「財産」にできるか

「人を動かすことのできる人は、他人の気持ちになることができる人である。相手が少人数でも、あるいは多くの人びとであっても、その人たちの気持ちになりうる人でなければならない。

そのかわり、他人の気持ちになれる人は自分が悩む。自分が悩まない人は、他人を動かすことができない。私はそう思っている。自分が悩んだことのない人は、まず、人を動かすことはできない」

●一歩でも他人の気持ちに近づく努力をせよ

技術開発や研究に熱中しているときをのぞいて、本田宗一郎の人に対する〝気くばり〟はみごとなものである。それも中途半端でなく、徹底するところに本田らしさがある。だからといって本田宗一郎が、何でも口を出すおせっかいということではない。

たとえば世の多くの人はこんな傾向にあるのではないか。人に物を教えたり、ちょっとしたものを気前よくプレゼントするのは好きでも、人に教わったり、やたらに物をもらうのを好まない。文字通り解釈すれば独立心にあふれ、物欲の少ない清潔な人柄ということになる。

だが、日常の生活では、こんなことは決してほめられないという〝逆説〟が成り立つのだ。とかく物が豊富になり、レジャーなどで生活が多彩になると、人は贈り物をしたり、教えたがるようになる。それは一種の優越感に結びつくからだ。

たとえば一般の家庭でも、隣近所や会社の同僚の家庭から、ささやかな贈り物をもらったとする。そのとき、相手の好意を受けるよりも、すぐさま〝お返し〟の心配をする。ただちにデパートにおもむき、贈られた品物と同額か、それ以上の品を買ってきて、お返しをする。

こんな関係が続けば、これは相手の優越感を認めない贈答合戦になってしまう。もし、相手が故郷の名産品を一度味わわせたい、と思う〝郷土自慢〟だとしたら、即座の〝お返し〟は、なんともしらけきってしまうだろう。

日常のほんのちょっぴりした優越感を相手に認めてやる、というのが本田宗一郎の気くばりであり、優しさなのだ。だから本田宗一郎はもらい上手であり、教わり上手なのだ。また逆に〝あげ上手、教え上手〟でもある。このコツは相手の気持ち、他人の気持ちに近づこうする努力、修練なのである。

もし相手がぜひ本田宗一郎に郷土自慢の気持ちと、〝名産品〟を知ってもらおう、という気持ちを察したら、素直に喜んでちょうだいする。その喜びが相手に最大の〝お返し〟になるという気くばりである。

本田宗一郎流の〝気くばり術〟を詳細に書けば、ゆうに一冊の本になるだろう。が、この本田流の気くばりが、本田の膨大な〝友人団〟になる。あらゆる階層の人たちと本田宗一郎が愉快につき合えるのは、こうした気くばりが基本にあるからだ。

この本田宗一郎の〝世界〟は、本田をして〝俺は幸福な男〟といわしめる最大の理由になるのである。

いつも相手の気持ちを察する努力は、表面的にみると軽薄な感じがないこともない。しかし、軽薄にみえるのがなぜ悪いのか。

実際は軽薄きわまりない男なのに、ことさら深沈重厚を装っているほうが、はるかにタチが悪かろう。「本田さんは調子がいいからね」と本田にいえば「いや、俺は軽薄だからよ、調子はいいぞ。だから、あんまり頼りにならねえぞ」といった言葉が即座にポンポンと返ってくる。本田は軽薄にみえることなどまったく意に介さないし、恐れないのだ。

こんなエピソードは有名である。

本田技研の創業間もなく、取引先の人と本田宗一郎は宴会中だった。ところがトイレに立った客が、青い顔をして戻ってきた。聞けば汲み取り式のトイレの中に入れ歯を落としたのだという。本田宗一郎はそれこそ〝クソまみれ〟になって入れ歯を拾い上げてきた。その入れ歯が再度、使用されたかどうかは不明だが、いかにも本田宗一郎らしいやり方だ。

夏目漱石の『坊ちゃん』の中に清《キヨ》なる老婆が便所に落としたサイフを拾い上げ、中の黄ばんだ紙幣を乾かしてくれる話がある。いかにも老婆のガンコながら優しい心情が読者の心を打つ。そんな純粋さが本田宗一郎の気くばりの中にはあるのだ。

●メーカーこそ「人間」をつくらなくてはならない

「私は、住いのトイレを見れば、住んでいる人の人柄が分かるような気がする。会社や工場のトイレを見れば、経営者の思想が判断できるように思っている」

東京下落合の本田宗一郎邸は、その広大な三千坪の敷地をのぞけば、建て物は豪華とはいいがたい。しかし、変わっているのはトイレである。

座敷のすぐそばにあるトイレは、同じつくりのものが二つある。馴れないと、どちらかが婦人専用なのか、と勘違いするが、実は来客の多い本田家では、客にトイレが満員で待たせることがないようにという主《あるじ》の心くばりからできたことなのである。

本田流の気くばりは、人をほめるときも繊細な神経をみせる。

「ほめるのがむずかしいのは、だれかをほめると『あんなことならオレもやった。あいつをほめて、オレのときにはなぜほめないんだ』と思う人が必ずいるからです。人間だれだって、うぬぼれが強いからね。ですから私は『お前は偉い』なんて、人前でいったことは、いっぺんもありません。

ほめるときは、そういうヤキモチを焼きかねない第三者がいることを考慮しなくちゃいかん。怒るときはそんなことを考えている暇があったら、本気で怒れませんよ。ほめると

きしかるときの差はそこにあると思いますね」

本田宗一郎の気くばりが、ユーザーに向かったときは、どんな発言になるのか。一見すればごく平凡な語録に思えるが、これまで述べてきた本田の気くばりをプラスしてみれば、もっと深い奥行きが感じとれるだろう。

「メーカーこそ人間をつくらなきゃだめです。『この間、売ったのは傷がありました。申し訳ございません。反物を売ったら、傷があった。替えさせていただきます』と、良心的な商店ならそのくらいのことはやりますね。

こっちは人の命に関係する仕事をやっているんですから、普通の商売よりもっと厳しくしつけていいんです。うちは学校でも会社でもそういうふうにやっていますよ。ですから礼儀なんてものは当たり前のことになってます。人間てものは恐ろしいですね、教育一つですよ」

本田宗一郎はいうまでもなく〝哲学者〟でもなければ〝思想家〟でもない。そこで彼は経験の中から〝人生はかくあるべき〟の結論を持った。したがって、論理の矛盾も数多くある。

が、そんな揚げ足とりはまったく意味のないことだろう。〝哲学〟という言葉を安易に使っていいかどうかを別にして、本田のこんな言葉も滋味がある。

「私にとっての哲学は、何といったらいいか、人の心の問題を大切にする、ということに尽きるようだ。現代はとくにそうなりつつあるが、何ごとも事務的に、機械的に処理される風潮がつよくなった。そういう中にあって、心と心を通わせるてだてがますます貴重になる。人の心を知るための哲学が必要とされてくるのである。経営者もそうであるが、すべての人が、哲学者でなくても、哲学を使う人になってもらいたい」


「友情というものは、人間感情の中で最も洗練された、そして純粋な、美しいものの一つだと私は思う。友情を交わす友人のいるということは、その人の人生にとって非常に大きなプラスである。

友情というものは、自分の性格や気質にないものを持った人が出現したとき、初めて成立するのではないかという気がする。互いに自分

に持ち合わせない点に魅了され、吸引し合うから友情が生まれるのではなかろうか」

●経営者は全社員の心の中に生きよ

他人に対する気くばりの結果が親しい友人をつくる、という方程式が、本田宗一郎の〝親友の公式〟である。その原理を本田宗一郎はこういっている。

この原理は、恐らくパートナーで親友の藤沢武夫とのつき合いから生み出されたものと思える。

そして本田は経験の中から、親友たるべき次の公式を発見した。

「友情を求めるならば、まず彼の秘密を守ることだ」

その結果、遠慮がなくなり、どんなこともいい合える仲になる。

「人と人との交わりに、心の共通点をいかにたくさん持ってるか、そしてそのうえに、言葉としての冗談が、ウイットがとび交うようにならなければ、ほんとうの人づくりはでき

ません」

この〝公式〟を本田宗一郎は、本田技研の役員に対しても、次のように敷延する。

「社長にも重役にも社員の心の中に生きることが大切だと思う。そうであって初めて社員に信用され、信頼され、事業も発展するのだ」

本田宗一郎はこうした〝持論〟をことあるごとに述べてきたものの、本田技研のスケールが大きくなり、やむをえず〝言行不一致〟になっていった。

いかに短い時間であろうと、本田技研の社員とは一度は〝直接的な交流〟をしなければ、本田は自分のいうことが〝絵空事〟として受けとられかねない、と思ったのである。

本田宗一郎流の壮大なスケールの心くばりというべきだろう。

つまり、全世界の本田技研の十万人の社員の一人ひとりと顔を合わせるということである。が、本田をそれをやり遂げるのだ。

●いい友だちを何人持っているかが、その人の偉さだ

「ほんとは、現職にいるとき、うちの社員と名のつく人に全部会って、握手してやりたかったんだ。社長をやめて、やっとその念願を果たすことができた。日本国内だけで七百カ

所、回るのに一年半かかったよ。それから海外の駐在員のところを飛行機で回った。半年もかかったもんだ」

どこに行っても本田宗一郎は〝熱烈歓迎〟を受けた。その歓迎ぶりは一般の企業のオーナー経営者や権力者という人たちに対するものとはまったく違う。まさに親しみを込めて〝オヤジ〟を歓迎するというものであり、またもう一つは〝有名人・本田宗一郎〟を見て、握手をするというミーハー的な熱狂ぶりもあった。いずれにしても、本田の人柄と気くばりに対するホンダマンの純粋な喜びがそこに現れていたとみるべきか。

本田宗一郎はいう。

「いい友だちを何人持ってるかが、その人の偉さだと思うな。社長をやってたときは、カネ儲けが財産だと思ってたけど、結局、友だちこそほんとの財産だなあ」

そして本田宗一郎は、本田流気くばりの収まってくるところの結果を、こう結論づける。まずできるだけ他人の気持ちになってみようと努力する。この努力は、くり返すうちにそれほど苦労や努力といった固苦しいものにならなくなる。こうしてスムーズに他人の気持ちを汲みとれると思えば、そこに人間関係が発生する。やがて相手に応じての気の利いた心くばりができるようになる。

そんな〝人間関係〟を本田宗一郎は、

「私は人間関係の最も基本的なものが夫婦であり、最も洗練されたものが友情だと思う。いうまでもなく、人間関係を支えるものは相互の愛であり、信頼であり、尊敬であろう。私はこれを一言でいえば、秘密を守ることだと思う」

と語るのである。

「遊ぶ」ことは美徳である

「どんどん増えてくる余暇を、より有効に楽しく過ごすためにも、『遊びは罪悪』という観念から脱皮しなければならない。つまり『労働は美徳、しかし遊びも美徳』という頭の切り換えが、何よりも必要である。

もう『遊び』が美徳の時代なのだから、堂々と遊び上手を誇れるように、遊びへの努力をしなければならないと思う」

●遊ぶときは徹底して豪快に遊べ

本田技研の社風は、一つには豪快に遊ぶということがあるだろう。社員が総ぐるみになって会社創立記念の名目で、京都の夜を満喫したことはすでに伝えた。

本田宗一郎の遊びっぷりのエピソードはいくつもある。最初は「ゴルフなんてつまらんスポーツはない」といっていたが、五十歳すぎてクラブを握った本田は、ゴルフの面白さに魅了されてしまった。やがて本田宗一郎はハワイに立派なゴルフ場を持つほどになるのだ。

また、なかなか思うように上達しない自分のゴルフの腕にいらだったのか、ゴルフのクラブの改良に乗り出した。

なにせそこは天才技術者・本田宗一郎のことである。たちまち〝魔法のクラブ〟などを開発した。たとえばプロなみにスピンがかかるアイアン、飛距離倍増のドライバーなどだが、これはルール違反となって、今は本田邸の古風な蔵の中にしまい込まれている。

本田宗一郎が子供の頃、お寺の坊さんにこっぴどく叱られた話は有名だ。気に入らない地蔵尊の顔の美容整形手術を行って、誤って石の地蔵の鼻を落としてしまったり、金魚にペンキを塗って珍種誕生をやらかしたり、また寺の正午に鳴らす鐘を一時間も早くついて、昼食にありついたりの〝悪業〟は数限りなくある。

そんな宗ちゃんの悪業の遊びに手を焼いた和尚さんは「悪いことばかりしていると、地獄におちるぞ」と彼に地獄絵を見せた。このおどろおどろしい絵には、いたく宗ちゃんはショックを受けた。

「俺は不信心になったのは、和尚さんに変な絵を見せつけられたからだよ」と本田は笑いながら語るが、やはりその地獄絵は忘れられなかったのだろう。

絵の背景には人魂《ひとだま》が飛んでいる。この人魂を現実に雨の日などに、お寺の墓地で宗ちゃんは見ているのだ。あれはいったいなんだろう、と科学少年の宗ちゃんは思った。

後年、本田宗一郎は科学的に人魂の研究をした。そして〝人工人魂〟をつくることを思いついたのだ。この実験は大掛かりだった。オヤジの人魂狂いに本田技研の中から「そりゃ面白い」と若手の技術者たちが応援に乗り出して、人魂プロジェクトチームが結成された。

そこで月のない真夏の某夜、線路に〝人魂の素〟を積んだトロッコを走らせた。ぽおっと闇夜に人魂が現れる。尾を引いてふんわりと青白い光を発しながら流れていく。実験成功に本田宗一郎は手放しで喜んだ。

実は本田と親しい大学教授が、学術的に人魂研究をしていたのに本田が共鳴したものだ。その教授が亡くなったとき「先生の遺志を実現しよう」と思ったのがキッカケというものの、やはりこれは一つの遊びだろう。硬軟とりまぜ本田の遊びの話はつきない。

●働く人間ほど遊びを大切にする

「世の中へ生まれたときは、働き虫で生まれたんじゃない。やっぱり何か楽しみたいんですね。ほんとうからいえば、俺は楽しみたいから、その楽しむための時間と金がほしいんだよ。それだから一生懸命働いたんだ。

レクリエーションをばかにするやつはどうかしている。ほんとうに働く気のある人はレクリエーションをばかにしない。それが楽しみなんです。

だから、まじめに働く人は、レクリエーションは、大事な、一番重要な、仕事よりも大事なことだと思う」

本田宗一郎の徹底した遊び方は、一つには相手の気心を知り、気くばりをするためにあるともいえる。

あるとき、本田宗一郎が原宿の本田技研本社の近くにあるフランス料理店に私を誘ってくれたことがある。陽気に店のドアを開けた本田宗一郎に、店の従業員は決して商売上の笑顔ではなく、心から歓迎するといった態度を示した。あまつさえ、本田宗一郎に、芸能人かスポーツ選手に対するようにサインすらねだるのである。

そして彼は料理を実に楽しそうに食べる。かたわらに立つボーイにも冗談をいい、コックにはねぎらいの言葉をかける。特別の料理を注文したわけではないのに、本田宗一郎と私たちのテーブルは、広い店内の中で、そこだけが大輪の花が咲いたように華やかな雰囲気だった。昼食をとるのも本田宗一郎は賑やかな遊びにしてしまうのだ。

「遊びに行くのはモテに行くことだと私は信じている。縄のれんや、煮干しをかじって立ち飲みする酒屋の店さきに行くのだって、どこかしらモテるために行くのである。縄のれんのおばちゃんや、酒屋のおっさんが、笑顔を向けて歓迎し、たがいに気の合うことがうれしいのである。

酒を飲んで楽しいのは、私にとって、何のかざりもなく相手と共感できるときである。そのためによく遊ぶのである。私の人生は仕事で明け暮れはしたが、遊ぶのもまことによく遊んでいる。

これは、私のささやかな人生哲学たる、相手の身になることの初歩なのだ。金を出すのはオレだというので相手を無視したところで、そこに何の楽しさがあるだろうか。遊びというのは、大切なものである。遊びのへたな人間は人にも好かれないし、商売もできない。またとない時間を、その場にいる人たちとみんなで、より楽しく、よりほがらかに、共感の笑いとともにすごさずして何の遊びだろう」

⑥ 天衣無縫、得手に帆をあげて！

「好きこそものの上手なれ」

「私はいろいろなことをよく覚える子を『いい子』なんていうのは嫌だな。知識を応用して進歩させるところに、教育の本当の目的があるんじゃないでしょうか。

ところが今の教育は知識の押し売り販売みたいなものですよ。学校で落ちこぼれになりたくなければ、好きとか嫌いとかいわないで、あれもこれもどんどん頭に詰め込んでいかなきゃならんでしょう。

それで子供たちはいっぺんに学校が嫌いになっちゃう。しまいには

金属バットでも買いたいなんて子供が出てくるのは、当たり前なんだな」

●〝危ないからよせ〟では何も生まれない！

本田宗一郎の教育論は、間違いなくユニークであり、なるほどと思わせるものが多い。

たとえば、テレビ番組についてはこんなことをいう。

「たとえテレビドラマは〝虚構の世界〟とはいいながら〝殺人〟番組が多すぎるよ。殺人シーンの大乱売だな。殺人ドラマを数多くみることが、社会人としての進歩になるのかどうか知らんが、平和なセックスシーンは、賢い年老いたご婦人が、罪悪として許さねえ。ところが殺人シーンが許されるのは変なものだよ。エロ番組は本当は殺人番組よりも害がないんだよ。

教育という点でテレビ番組を見ると、これまた極端に固い番組になってしまう。これだけテレビが国民に見られる時代なんだから、考えなきゃいかんよ。学校教育もテレビ番組

と同じに、とてつもなく矛盾しているよ」

本田宗一郎の教育論の基本は、たんなる〝教育主義〟ではない。あくまで教育は社会生活に役立つものという〝実用主義〟にもとづく。まず〝実用〟が第一ということだ。

そこで具体的にはこういうことになる。小学校、中学校の教育で必要以上のことを教えすぎる。しかし、絶対に必要なことを軽く見ている、というのである。

モータリゼーションが進んで、都市から田舎まで大きく環境が変わった。この文明の中で生きていく大きな条件は、交通事故などから身を守ることである。そこで本田宗一郎は、交通道徳を守り、教えることを義務づけるべきだと主張する。

この本田の提起する問題は、たんにクルマ屋のオヤジの勝手ないい分ではなくて、たしかに誰にも切実なはずである。暴走族が悪いと社会的な非難を浴びせる前に、交通道徳を含めて、社会的マナーを教えることのほうが必要だという。つまり小、中学生の平均的な理解力を超える数学、国語をはじめとする主要学科の学力を重んじるよりも、交通道徳のほうが、現実にははるかに大切なことだというわけである。

「危ないから安全な乗り方を教えるんじゃないんですね。危ないからよせ、なんですね。そりゃ、よしてしまえるならいいですよ。世の中、どんどんスピード化してきて、絶対乗

らなきゃならんようになっている時代なんですね。その場合、数学より何より、どんな知識より一番大事なものは、自分の命であり、人の命であるというなら、まず安全な乗り方を教えていかなきゃいけませんね」

●強烈な目標、目的をかかげよ！

中学の国語の教師が、中学の数学のテストで何点とれるか。おそらく多くの教師が満点をとれないのが現実だろう。また、多くの家庭の主婦は、子供に教えたくとも小学校高学年の算数になれば、手も足も出ないというのも実状だろう。なぜなら、これらの知識が日常生活にはほとんど必要ないからである。

理科、社会、国語にしても、一般の主婦レベルの生活には不要といえるほどの高い〝教養〟を強制していく。この実際の社会生活に必要な知識と、学校制度で詰め込む知識の差が、乱塾ブームにつながる。

学校で詰め込まれた知識は、社会に出れば、ほとんど使わないから忘れてしまう。忘れてしまう不要な知識を詰め込む教育はおろかなことだし、国民経済的にみても大きな損失だ、と本田はいう。と同時に、現在の教育では、塾通いでロクに遊べない子供が増え続ける。塾の教師の生活が豊かになるのに反比例して子供は余裕がなくなる。これでは、民族のバイタリティーが失われる危険性がきわめて大きいともいう。

しかし、本田宗一郎がこうした〝学問〟を軽視しているというわけではない。まずもって義務教育は、交通道徳のように一生必要なものを叩き込み、それから〝教養〟を身につけさせるべきだというのである。その教養も学んでいるときだけの教養で、社会に出てから忘れてしまっても一向に不自由しない教養では、まったく意味はなかろう、というわけだ。

今の教育制度は、塾の教師も含めて〝先生〟という職業がきわめて安泰に生活できるシステムに他ならない。まず第一に、教師の社会的地位の安泰、つまり教師の父母に対する優越感を基本として成り立っているといえないこともない。

そのゆがみが〝校内暴力〟につながる。学校制度がこのままなら〝教師天国〟と〝校内暴力〟の二つの現象は永久になくならないという。

「今日の教育で一つ考えなければならないことは、教える側にも学ぶ側にもしっかりした目標なり目的がない、ということだろう。人間の理想というものが掲げられていないところで教育はやりにくいだろうと思う。憲法といえば、第九条だけが問題にされるが、私には基本的人権と、それを確保し尊重するために責任と義務を立派に果たす人間となることのすばらしさを掲げる教育が、まず第一だと思われてならない。

はっきりいって、今の教育は知識の詰め込み主義で毒されている。社会の仕組みが、知識の詰め込みを必要とする制度になっているから仕方がないというわけだが、それなら教育などという言葉は使わずにいてもらいたい。授業とか講座とかセミナーとか知識の販売、セールスなどといってもらったほうが、性格がはっきりする」

したがって本田宗一郎の教育論は〝怒り〟に近いものになる。そこに大衆の共感を得る本田宗一郎の人間像が浮かび上がる。

本田宗一郎の真の庶民性は、こうした教育論にみられるように、次元の高い理想論よりも、今日ただいまをどうするかの具体論を重くみるというところに象徴される。

「『盆栽人間』といえるような若者が目についてならない。私は、若者をこのようにしたオトナたちに、その責任を追求したい。

子供自身がやらなければならないことまで、親がみんなやってしまう。ちょうど『盆栽』の手入れと同じだ。朝に晩に、水は足りているか、害虫の心配はないか、気温が高い、冷えこみが強いと、その心づかいと手間ひまは大変なものである。『盆栽』はそうしなければ枯死してしまう。

人間がこれでは困るのである。せっかく大きくのびようとしているものを、小さいままで終わらせてしまう。

雨が降ったって、嵐がきたって「オレは絶対に動かないゾ」って大地に根をはる、立派な木に育てなければならないのが、人間の教育であると思う」

●社会に出ればカンニングは自由だ！

ユニーク、独創性を社風にする本田技研だからといって、『盆栽人間』が数多く入社してくる。この『盆栽人間』たちに、本田宗一郎は最初にどういうのか。本田の次の言葉も、ホンダイズムの中核になっているのである。

「ホンダに入った以上、知っているというだけでは何にも役に立たない、会社にも一つも寄与しないのだ、ということを認識してほしい。

品物をつくって、売る、という行為があってこそ、会社というものは成り立つ。

君らが今まで教わってきて、いろいろ知っていることを行動に移すところ、それが実社会であり、会社なのだ」

そして現在の学校教育の欠けている〝実用性〟について、こういうのだ。

「理論や知識は必要であるけれども、持っているだけで、それを使いこなせないようならまったく価値がないということだ。役立てることによって、初めてそれは価値を持つ。

社会に出れば、カンニングは自由なんだ。知らないことを人から教えてもらう。謙虚に聞く。そういう姿勢のほうが大切だと思う」

昨今、大企業での社員教育、研修熱はいちだんと高まってきている。日本経済も成熟化してきて、大企業の技術力、資本力、採用する人材は平準化してきた。

前にも述べたように、たとえばトヨタと日産のクルマに決定的な技術の差が見出せるだろうか。お互いに技術の特徴などに微差はあっても、使用するうえでの決定的な差はほとんどない、といっていい。技術力の平準化時代なのである。

また大企業の多くの資本力はいずれも銀行離れ現象を起こしているぐらいだから、カネに困ることもない。カネも平準化しているのだ。最後はマンパワーだが、これは平準化しているとはいいがたい。

しかし、新入社員を採用するときは、どの企業も平準化した『盆栽人間』を採用せざるをえないのだ。この『盆栽』をいかに鍛え直すかが、他社に差をつけるマンパワーになる。

そこで野村証券などではこういう。

「ペーパーテストで成績優秀な男を採用し、この男たちに〝野蛮人化〟の再教育を施す。企業に入ってから、基礎の勉強をやり直すというのでは手遅れだし、研修にカネと時間がかかりすぎる。そこで研修は、一言でいうなら社会生活に必要な義理と人情と浪花節を叩き込むことになるのです。

この三つの頭文字をとって、野村証券ではＧＮＮ精神という。成績優秀な男にＧＮＮ精神を持たせる。これがマンパワーになると思う」

ある権威に従順に従う『盆栽人間』を再教育することが、平準化時代を生き抜く企業のバイタリティーになるわけだ。本田宗一郎の教育の〝実用性〟の大事さは、すでに切実な企業競争の現場に現れているのである。

●自分の「好きなもの」を発見せよ！

「日本人は、本に書いてあることは何でも権威があると思っている。本に書いてないことは信用しない。

戦時中、私はピストンリングをやっていたが、あるエンジンメーカーの副社長で、工学博士なんていう肩書きのある男が、ピストンリングが減って困るといってくる。うちのピストンリングは減るわけがない。だけど、減ると文句をいっている。それではお宅のエンジンを見せてくれといって、そのエンジンを見たら、だらしのない、ひどいエンジンなんだ。こんなエンジンだったらピストンリングだって減るはずだ。

先方は、『何をいってやがるんだ、俺はそのほうの専門家で工学博士だ』というから、『本を書いたらエキスパートなのか。俺はそんなこと、とうに知っているぞ！』といってやった」

いかにも本田宗一郎らしい荒っぽい経験談だが、昔から本田宗一郎の教育に対する考え方は同じだということが分かる。

そこで〝教育全般〟に対して、本田宗一郎の怒りを込めた改革提案になるわけだ。

「『知る教育』から『試す教育』への一八〇度の軌道修正が必要なのである。見たり、聞いたりだけの『追う』教育からは、過去の事実しか知ることができない。それでは役に立つ人間は育たないのだ」

「試す教育」の方法論として、彼は次のようにいう。

「『見学』という字、あれは、見て学ぶということなんだろうが、目で見る見学では駄目だ。

『見学』でなく観察する見方……つまり『観学』でなければならない。

本当の見方というものは、観察することによってのみ、正しい知恵が出てくるんです」

本田宗一郎の、教育は〝実用学〟であるべきだ、という考え方がお分かりいただけたかと思うが、この教育論が〝得手に帆をあげ〟という彼の得意の言葉に結びつくわけだ。

本田宗一郎はこうして自分自身が〝得手に帆をあげ〟てきたのである。

「オレはね、どんな数字でも最後にミリがついたり、パーセンテージなんかがついていれば、全部覚えちゃうんだ。ところが、最後に〝円〟がつくとぜんぜんダメ。長い間の習性なんだね。だからオレはカネ勘定はいっさいやらなかった。専門家にまかせたんだ。

社長をやめるまで、オレはとうとう社長印にさわりもしなかった。そんなのオレぐらいなものじゃないか。実はそれが非常な誇りなんだ。自分が不得意なものまでやりたがるやつは、間抜けだよ。世の中、得意な人がいくらでもいるんだから」

そして本田宗一郎は、教育関係者に手厳しく注文をつける。その注文は、誰しもがもっともだと思うに違いない。

「人が職業として選べるのは、たった一つの仕事である。自分はこれが好きだと思い、自分はこれを職業としたいというものを発見させるのが、教育の主眼の一つだろうと、私は思う。『二兎を追うもの一兎をも得ず』という人生の真理を教育関係者はもう一度よくかみしめるべきである」

自分の手腕を出し惜しみするな！

「私の人生をふりかえると、親父からもらったのは体だけなんですね。同じように、りっぱな体だけ残してやれば、それで親としては十分だし、博俊（本田宗一郎の長男）もそれに対しては一つも異存はなかった」

●親に何ももらわなかったから、好きなことができた

たしかに語録にあるように、本田宗一郎の人生観はこの言葉に凝縮されている。

浜松在の寒村の鍛冶屋の倅、悪童の宗ちゃんは、天衣無縫、得意なことに熱中して今日の世界のホンダを築き上げた。親父からもらったのは、身体だけというのは、決して親に恨みめいた感情から出ている言葉ではないのである。

むしろ親から何ももらわなかったからこそ、天衣無縫、得手に帆をあげることができた、という〝感謝〟に似た気持ちの発露だ。なまじ親から受け継いだ財産のため、それを減らすまいという保守的な気持ちが先行して、あたら豊かな才能の芽を、知らず知らずにつみとられてしまう例は数限りなくある。

語録中にある〝博俊〟とは本田宗一郎の長男だが、もちろん本田技研には入社させていないし、将来、本田技研の社長に据えようなどという気持ちはまったくなかった。これは日本の同族企業、世界の同族企業でもきわめて珍しい、といえるのである。創業者の一族をまったく関与させない、という厳しさは、日本の同族的大企業では例がないのである。

京セラの稲盛和夫氏に、その点を聞いてみたことがある。

「まず兄貴のことから話します。兄貴には京セラの専務をやらせていますが、当初、兄貴を京セラの工場の総務課長として採用したのです。私たち七人兄弟は、専務をやっている兄貴が長男です。

……今は普通の兄弟づき合いはしていないんです。それは公私混同を恐れるからです。でも正月に両親を囲んで鹿児島に兄弟が集まるときは別です。そのとき、兄はすべて稲盛家をとりしきる。そこでは私は完全に弟です。

でも会社では私は皆の面前で、ボロクソに兄をしかりますよ。昔を考えるとさびしい。それと京セラをつくるとき、私の親父がもし金を持っていたら、出資したでしょう。幸か不幸か稲盛家はそれほど裕福ではなかった。もしオヤジが出資していたら、京セラに同志的結合は生まれなかったし、私も鼻もちならんヤツになっていたでしょう。

私の後の社長だが、三人の娘に婿が来て、そのうちの一人が社長になるなんて確率はゼロですね。後継者はやはり一緒に苦労してきた仲間から……」

もし稲盛の言葉が実行されれば、私の知っているかぎり、急成長した大企業の中で、本田技研についで二番目の、創業者の血筋を排除する厳しい企業ということになる。

会社が成長するときは、人材が追いつかず、やむをえず同族を登用するところだろう。稲盛が実兄の処遇に悩むように、本田宗一郎も、創業から基礎固めの段階まで、実弟の本田弁二郎を常務として重く用いた。しかし会社が成長してくると、本田宗一郎は、本田技研から同族臭を消すために、弟の常務を退社させた。

こうした厳しさは本田宗一郎の子供たち、藤沢武夫の子供たちも充分に知っている。美術商を六本木で営んでいる藤沢武夫の長男は、

「本田家でも同じでしょうが、私たちが本田技研に入りたいと思ったことは皆無でしたし、本田技研を頼りにするなんて考えもしなかった。本田技研はオヤジの勤めている会社というだけのことです」

と、こともなげに私にいったものだ。

したがって本田宗一郎の〝立派な身体〟だけを息子にくれてやった、という言葉は実際に〝生きている言葉〟なのである。

こうした厳しい本田宗一郎も、ほかのことにかけては、世の中の親バカチャンリンよりも、もっと物分かりがいい。たんに親バカというよりも、若者には甘いのである。

「倅は一人だが、従業員という倅は何千人もいる」

というのが、本田宗一郎の口ぐせだし、その若者たちに対しても、こう自戒している。

「今気をつけなきゃならんことは、この齢になって若い人たちの考えをつぶすことが一番やだな」

こうした他人を認める気持ちがなければ、藤沢武夫という絶妙のパートナーを本田宗一

郎は得られなかっただろうし、そうなれば今日の本田技研はありえなかった。

つまり、本田技研は、本田宗一郎が得手に帆をあげ、他人の才能、人格を認めて信頼するという哲学によってできあがった企業だといえる。

●パートナーの役割とは何か

本田は、藤沢武夫とのコンビぶりをこう語る。
「芸者の子供と同じでね。浜松で小さい舞妓さんのことを〝ふたつ一《いち》〟というんですよ。あれはおねえさんの半分しか給料をもらえないわけ。だからふたつ一《いち》というんだけど、おれと副社長は、よくいっちゃ笑うんだけど、『こういうやつと一緒だな、ふたつ一《いち》だな』（笑）
結局、そういうふたつ一でやったからうちができたんじゃないでしょうか。ワンマンでもしやった日にゃ、これつぶれるね。うちに副社長というのがいたということが、これは大変なものです」
私は某日、完全引退した藤沢武夫を六本木の自宅を訪ねた。自宅は、長男と夫人の〝商売〟のために改装され、古美術商『高会堂』というのが、今や藤沢家の家業である。

「藤沢家は家内が呉服屋、伜が骨董屋で家中総働きですよ。私は店を貸している大家というところかな。毎日、テレビのホームドラマのようにワイワイ、ガヤガヤだな」

和服を着流した藤沢武夫との会話をここに再録してみよう。

藤沢　あの人（本田）は行動的だからね。彼と私が、全部同じだってことはないです。あの人にはあの人の行き方があるんで。ただ本田技研というワクの中では一つでしたがね。人間的には、あの人は行動的だし、私はどっちかというとタラーッと遊んでるほうだしね。ですから、物をつくるとして、それが物になっちゃったらもうアキちゃってるんですね。

梶原　本田さんと藤沢さんは仲が良いとよくいわれるが、実際はその仲の良い証拠が一つもないと……。

藤沢　要するに長くて十分間で何でも話が通じ合えて、もう極端にいえば何も話なんかしないんですね、私が何か決めて持って行っても。そこに何にも疑いがなくて、そして喜びを持ってもらえたら、と、これが男の友情じゃないだろうか。

私は生涯において、本田さんみたいな人は他にはいませんね。性質はおたがい違いますがね、やっぱり好きですねえ。

ところで、パートナーというものについて、私はこう考えるんです。つまり、創立のときのパートナーと、企業が安定期に入ったときのパートナーとでは違うと思うんですね、本質的に。

創立のときのパートナーに必要なのは、絶対、主役に疑われないことです。人格的な疑いを持たれないこと。主役はいつ自分の座をうばわれるか、と思っている。

本田さんと会って、やはりこの人はすぐれたものを持っている、こういうものをつくるんだということにかけては、得がたい人だと思った。こういうものは私にはないですね。そういうものについてはゼロだから。

で、これは一つ、面白いなと思ったところから、じゃいっしょにやってみましょう、となったわけです。

人間はオールマイティな人はないですね。何かが欠けてるはずだ。それを自分が補って、その人の得意なもので、得手に帆を十分にあげさせることに徹すること。これがパートナーの役割です。しかも、主役よりいくつもの面ですぐれたものを持ちながら、それに対してヤキモチを焼かせないということが大事だね。

NO2は、NO2であるという徹底的なものがあって、NO1が安心して得手に帆をあげられるようにしてやること……。それから、帆を大きくあげすぎたり、横っちょにそれたら直してやるのが役目でしょう。

藤沢もやはり本田宗一郎の人格に惚れきっていたということが分かる。

「いつ、誰が、どこで受けとめても、なるほどと納得できる思想を持つか持たないか。

この歴史と民族と地理を越えて受けいれることのできる哲学を持った企業や人は、天下を取ることができるのである。

この妥当かつ普遍的な民族を越えた思想があれば、企業も必ず世界へ伸びるといってよい」

●人の人たるゆえんを知る企業人となれ

浜松在、天竜川下流の寒村で生まれた悪童は、後、世界のミスター・ホンダになった。その本田宗一郎の一生は、決して刻苦勉励、さらに今太閤の現代の講談という図にはならないのである。

つまり本田宗一郎の出世物語は、なにやらどこかが〝不真面目〟であって、いわゆる偉人伝にはほど遠いからなのか。また、こうした成功物語《サクセスストリー》に欠かせない〝お涙ちょうだい〟のシーンが少なく、ほとんど明るく楽しい話に始終してしまうこともあろう。

天性の根アカ人間、そして驚くほど素直なデモクラート、加えて天才技術者、遊び人間、というのは、どれも本田宗一郎の定冠詞としては正しいのだ。

ここで、私は本田宗一郎の人生観をよく表現した語録を、本書のまとめとして列記しておこう。彼の人間性、思想は下手な注釈をつけるより、新鮮な刺身のままのほうが、より味わいがあるかも知れない。

「人間誰でも、未知のものには心をひかれる。一種の不安も感じるが、それを恐れず飛び込んだり、やってみたくなる、そんな魅力のあるものだ。

未知の世界の探究というものは、私は人生最大の楽しみの一つだと思う。この楽しみを

あきらめたり、忘れたりしたら、もうその人間の進歩はストップする。明日がなくなり、昨日までの思いでばかりを追い回すようになる。つまり老い込むわけだ」

「貧しいために味わう苦悩は、生やさしいものじゃない。理由のない差別を受けたり、真剣に親を恨むほどの侮辱を与えられることもある。そんな場合、くじけようとする心の支え、励ましなぐさめるものは自分自身の誇りだけだ。『何くそオレは奴とは違うんだ』という自尊心だけなのである。一歩一歩地道に、自分に与えられた悪条件の道程に耐えて歩む力づけも、さまざまな悪事や誘惑にもめげずにすむ勇気も、みんな自尊心から生まれてくるものだ。

『今ここで止めれば、みんなが飢え死にするしかないのだ』

と絶えず自分を励まし続けた心の拠り所は『このオレがこれほど打ち込んでいる以上、絶対に成功する』という自尊心であった」

「失敗するのがこわいんだったら仕事しないのが一番だ。君たちが定年で会社をやめるときは、『皆さんのおかげで大禍なくすごすことができました』というような、バカな挨拶をせんでもらいたいな。昔、殿様につかえた家老の自己滅却の生き方だよ、それは。和気あいあいの中で『お前はいろいろ失敗もしたが、だけど、こんな大きな仕事もしたじゃないか』と誇れるような生き方、――これが充実した人生だと思う」

「行動を生む動機とか目的は、その人間の思想が組み立てるものだ、思想が正しくなければ、正しい行動は生まれない。何をするかより、何を考えているかが重要なのである。行動という刃物が、利器となるか凶器となるかは、その行動を支える思想、あるいは理論が正しいか、正しくないかによって決まるのだと思う」

「青年からスピードの夢を奪ってはいかん。法規を守らないのは困るが、スピードの出ない車をつくれと注文するのは無理な話だ。うるさい爆音は、消音器でちゃんと消すようにしてあるが、若者はそれをはずして、スピードを味わおうとする。彼らのはちきれるような感情を押さえることは、私にはできない。

自分たちだって、若いときデタラメをやったし、大声で叫び回ったりした。自分たちのマントが革ジャンパーになり、ホオ歯の下駄がオートバイに代わり、放歌高吟が爆音になっただけだ」

「今の英雄と昔の英雄とでは違うと思うな。豊臣秀吉なり、ナポレオンなりという昔の英雄は、人の犠牲の上に立った英雄だった。ところが現在では、この種の人たちを英雄と呼ぶ人はいないだろう。現代の英雄とは、社会の中で最大多数の人に最大の幸福を与えることができる人だ思う」

「私は、世間でいう『悪い子』に期待している。なぜかといえば、そういう子供こそ『個性の芽生え』を持つ、頼もしい、可能性に満ちたほんとうの意味の『いい子』なのである。オトナに『悪い子』といわれるのを恐れていないで、若者らしく勇気を持っていろんな経験をし、視野をひろげておくことが大切だ」

さて、最後になったが、次の本田宗一郎の言葉で、この本を締めくくることにしたい。

「人生はほんとうに長い。スタートを間違ったら、先行き誤差の広がりは大変なものになる。スタミナの配分がでたらめだったら、せっかくのハイ・オクタンの『若さ』というエネルギーも、暴発して破壊力に堕落するし、エンストの原因ともなってしまう。この自覚さえ失わなければ、どんなに自由な行動も、青春の謳歌も許される。分からず屋のオトナたちの説教など、クソくらえだ。堂々と『若さ』を発散させ、『若いいのち』を主張したまえ」

本田宗一郎
「逆境」を生き抜く力

著　者　　梶原　一明
発行者　　真船美保子
発行所　　KK ロングセラーズ
東京都新宿区高田馬場 2-1-2　〒 169-0075
電話（03）3204-5161(代)　振替 00120-7-145737
http://www.kklong.co.jp
印　刷　　(株)暁印刷　　製　本　　(株)難波製本

落丁・乱丁はお取り替えいたします。
※定価と発行日はカバーに表示してあります。
ISBN978-4-8454-0981-5　C0230　Printed In Japan 2016